कोच्चि के दरख़्त

के. जी. शंकर पिल्लै

अनुवाद

ए. अरविन्दाक्षन

वाणी प्रकाशन

वाणी प्रकाशन
4695, 21-ए, दरियागंज, नयी दिल्ली 110 002
शाखा
अशोक राजपथ, पटना 800 004
फ़ोन: +91 11 23273167 फ़ैक्स: +91 11 23275710
www.vaniprakashan.in
vaniprakashan@gmail.com

KOCHCHI KE DARAKHT
by K. G. Shankar Pillai
Translated *by* A. Arvindakshan

ISBN : 978-93-5229-252-3
Poems

प्रथम संस्करण 2015
मूल्य : ₹ 50

हर्ष प्रिंटर्स, दिल्ली-110 093 में मुद्रित

वाणी प्रकाशन का लोगो मक़बूल फ़िदा हुसेन की कूची से

वाणी प्रकाशन
नयी दिल्ली-110002

कोच्चि के दरख़्त

(कविता संग्रह)

कविता का दायित्व

आधुनिक मलयालम कविता सजग सामाजिक चेतना और आधुनिकतावादी दबावों के बावजूद अपनी ज़मीन से जुड़ी कविता है, जिसे प्रायः जड़ों की ओर वापसी कहा जाता है। असमिया और विशेष रूप से उड़िया कविता में भी यह गुण है, जिसके एक प्रमुख कवि रमाकान्त रथ श्रीराधा को एक नए संवेदन से देखते हैं और परम्परा को नई अर्थध्वनि देते हैं : 'मचे कोलाहल में सुनाई न दिया तुम्हारा नाम और/निद्रित संख्याहीन आशा निराशाएँ जाग गईं/रोने-हँसने से काँपकर अपने भूलोक को/तुम बन गए एक किंवदन्ती जिसे/भिखारी ही गाते थे गीत बनाकर'। मलयालम कविता सारे रचना-आन्दोलनों के बीच आधुनिकता से ऐसी आक्रान्त नहीं है कि अपनी भूमि का संस्पर्श ही उसमें अनुपस्थित हो जाए। उसकी अपनी समृद्ध रचना-परम्परा है, जहाँ रिक्थ के सर्वोत्तम को पुनःसृजित करने का प्रयत्न भी है। केरल की प्राकृतिक शोभा तथा लोक उपादान भी इसमें सहायक हैं और पुरा-प्रतीक, इतिहास-पुराणों के प्रसंग, लोकगाथाएँ यहाँ नया विन्यास प्राप्त करती हैं। उस समय भी श्रेष्ठ प्रतिभाओं ने इसे सम्भव किया जब एक ओर प्रतिबद्ध सामाजिक चेतना के आग्रह थे तो दूसरी ओर आधुनिकतावादी दबाव।

के. जी. शंकर पिल्लै इस दृष्टि से समकालीन मलयालम कविता की एकाधिक दिशाओं का संकेत करते हैं। वे रिक्थ से परिचित हैं और क्लासिकी परम्परा का भी उन्हें ज्ञान हैं। वे जानते हैं कि सार्थक कविता का एक पूर्वापर सम्बन्ध होता है—अतीत पर विचार, वर्तमान से मुठभेड़ और भविष्य पर दृष्टि रखते हुए। यह कठिन कार्य है क्योंकि किसी प्रकार का 'मोह' इस सर्जनात्मक संकल्प में बाधा बन सकता है। मलयालम कविता में क्लासिकीय और स्वच्छन्दतावादी प्रवृत्तियाँ एक साथ सक्रिय रही हैं, आपस में टकरातीं, साथ-साथ चलतीं और कभी एक-दूसरे को आत्मसात करतीं। वहाँ अति-आधुनिकतावादी दौर इस रूप में नहीं आ पाया कि कविता 'मूलविहीन' प्रतीत हो। के. जी. शंकर पिल्लै की प्रसिद्ध कविता 'कोच्चि के दरख़्त'

इतिहास-स्मृति से आरम्भ होती है : 'बंदरगाह, राजघराना, मन्दिर, टीपू, गामा आदि। स्थिति यह थी कि कड़ी धूप में छतनार छायाएँ/यात्रियों के लिए स्वर्गीय पितामहों के आशीर्वाद से युक्त/हाथ बन गई थीं'। पर दृश्य बदला और आधुनिक मनुष्य ने इन दरख़्तों का मनमाना उपयोग किया : 'रामनामी देवता से लेकर फाँसी के तख़्ते तक और कुछ शक्तिहीन फलहीन होकर परम्परा में विलीन हो गए।' इस कविता में इतिहास, पुरागाथा, लोकसंस्कृति, कवि-परम्परा के साथ बदले समय का संकेत है : 'नरक के अवरोह के समान/मोड़ एवं उद्वेग और तीव्र हो गए/उस रास्ते के दोनों तरफ़/छोटी-बड़ी चिमनियाँ बढ़ने लगीं।' यहाँ स्मृति-मोह नहीं है, क्योंकि सजग कवि जानता है कि समय की वापसी उसी रूप में नहीं होती। के. जी. शंकर पिल्लै परिवर्तित दृश्य का उल्लेख करते हैं : 'मुर्दाघाट पर बोधिवृक्ष के नीचे जंगली भूत के समान/आहत सौंदर्य के साथ पतित समय पड़ा है।'

इतिहास की पुनरावृत्ति उसी रूप में कल्पित करना तार्किक प्रक्रिया नहीं है क्योंकि हर बार उसके स्वरूप में परिवर्तन होता है। ऐसी स्थिति में रचनाकार, इतिहास को बदले समय-संदर्भ में देखता है—यथार्थ की भूमि पर खड़े होकर। अतीत कितना भी सम्मोहनकारी हो, उसे आसक्ति-भाव से देखना जीवन-यथार्थ से निरन्तर दूर होते जाना है। इसलिए कविता में जब वह प्रवेश करता है तो परिवर्तित परिवेश का बोध कराते हुए। इस प्रक्रिया में एक ओर कवि अपनी सजग दृष्टि से परम्परा को देखता है, दूसरी ओर समय की वास्तविकता के सन्दर्भ में उसकी परीक्षा भी करता है। शंकर पिल्लै की कई कविताओं में उनकी इतिहास-दृष्टि सक्रिय है, वर्तमान से टकराती हुई : 'भयाक्रान्त राजा निरीह प्रजा को लाक्षागृह में बन्द कर/सबको जला रहे हैं' (अयोध्या), 'अजन्ता की अप्रसिद्ध हरिश्चन्द्र की मूर्ति/आधी रात अपनी आँखें इस वर्तमान से फोड़ लेती है' (गंजापन)। केरल की प्राचीन संस्कृति कई रूपों में आती है, शंकर पिल्लै के देशज व्यक्तित्व का बोध कराती, पर सब कुछ घटित होता है वर्तमान में, जिस बिन्दु पर उन्हें समकालीनता के प्रतिनिधि कवियों में परिगणित किया जाता है। परम्परा से टकराते हुए ही, रचना में सही नई परम्परा का विकास होता है, अनुमोदन से नहीं।

के. जी. शंकर पिल्लै की कविता से गुज़रते हुए प्रश्न उठता है कि भारतीय कविता की अवधारणा आज यदि सम्भव है तो किस रूप में ? स्थानीय परिवेश भिन्न हो सकता है, और कविता की भंगिमा भाषा की अपनी प्रकृति से परिचालित, पर आधुनिक काव्य की विश्व-दृष्टि में, भारतीयता का एक स्वरूप भी उभरता दिखाई देता है। वाल्मीकि, कालिदास, भारतीय कविता का प्रतिनिधित्व करते हैं, भक्तिकाव्य का लम्बा इतिहास आलवार सन्तों (छठी-नौवीं शती) से लेकर गुरु नानक (1469-1538) तक फैला हुआ है। भारतीय नवजागरण और स्वतन्त्रता संग्राम के दौर में वल्लतोल नारायण मेनन (1878-1958), सुब्रह्मण्य भारती (1882-1921) आदि

का देशव्यापी स्वर रहा है। कई प्रकार के धार्मिक पंथ सांस्कृतिक ऐक्य के सेतु बन सकने में असमर्थ हैं, और विघटनकारी तत्त्व भी सक्रिय हैं। रचना समय के यथार्थ से न बेख़बर हो सकती है, न पलायन कर सकती है। शंकर पिल्लै की चेतना केरलीय भूमि, भारतीय परिवेश और वैश्विक दृष्टि के संयोजन से निर्मित होती है। 'बंगाल' उनकी लम्बी कविता है, जिसके प्रारम्भ में चीन के क्रान्तिकारी कवि लू शुन (1881-1936) की पंक्तियाँ उद्धृत की गई हैं : 'विप्लव पूर्व' का समय....। कविता सम्बोधित है, कल्पित संजय को, गजानन माधव मुक्तिबोध के केशव (एक साहित्यिक की डायरी) की तरह। बिना किसी कथा, घटना का आश्रय लिए हुए शंकर पिल्लै क्रान्ति के पूर्वाभास का संकेत करना चाहते हैं, जहाँ कविता का ताना-बाना फन्तासीनुमा है। बंगाल का सांस्कृतिक इतिहास है : 'बंगाल के चारों ओर समुद्र है/नदी तटीय संस्कृतियों का विकास यहीं हुआ, शहरी नवीनताएँ यहीं बढ़ीं/सामन्त, नौकर-चाकर, शताब्दियाँ/उन्मत्त भूखण्ड, महायुद्ध बवण्डर'। यथार्थ के संकेत बंगाल के माध्यम से हैं, पर उसकी ध्वनि व्यापक है : 'वह पुराना समय नहीं रह गया : कड़कती गरमी है, कलियुग है, जिसे 'वेस्टलैण्ड' में 'मैकबेथ' के शब्दों में 'क्रूर काल' कहा गया है।' पूरा दृश्य अमानुषीकरण का है : प्रतिशोध की घुमावदार माँद, जुए का झूठा खेल, ज़हरीले शब्द, कमरे की सिसकी, पतझड़ का काल, भयभीत आत्माएँ, ऊसर, अँधेरा, बदला देश आदि। अग्रसर होता इतिहास है : 'कुछ सामन्तों के शरीर, शहर से दूर जंगल में/किन्हीं कँटीले पेड़ों पर लटक रहे थे/बादशाह का सिर, गंगा के किसी मछुए के जाल में फँस गया था।' गजानन माधव मुक्तिबोध की लम्बी कविता 'अँधेरे में' और शंकर पिल्लै की 'बंगाल' में संवेदन-साम्य देखा जा सकता है।

के. जी. शंकर पिल्लै की कविता के साथ बहुत तेज़ दौड़ पाना, या उसे सपाटे में पढ़ जाना सम्भव नहीं है। बिना कथा अथवा वर्णनात्मकता का आश्रय लिए, कविता प्रायः कुछ खण्ड-खण्ड दृश्यों के सहारे अग्रसर होती है और संवेदन का एक सम्मिलित रूप उभरता है। जिस समय में कवि उपस्थित है, उसका यथार्थ उसके समक्ष है, पर वह केवल वर्तमान में नहीं है, उसके संवेदन में संस्कृति की लम्बी परम्परा भी है। इन दोनों की टकराहट से कविता अग्रसर होती है और कवि ने इस 'तनाव' को व्यक्त करने के लिए प्रतीकों, बिम्बों का सहारा लिया है, जो कई बार आसानी से हमारी पकड़ में नहीं आते क्योंकि वहाँ 'मिथकीय संसार' का उपयोग भी हुआ है।

शंकर पिल्लै की निरीक्षण-क्षमता विशेष रूप से उल्लेखनीय है और वे वहाँ भी कविता पा लेते हैं, जहाँ प्रायः लोगों की दृष्टि नहीं जाती, कवि नागार्जुन की तरह। धोती, गंजापन, चॉकलेट, छिपकली, गोरखा, ऊँट आदि उनकी कविता के विषय बनते हैं। विचार और संवेदन की मैत्री का संयोजन कविता में जिस एकाग्र कौशल्य की अपेक्षा रखता है, उसके लिए महान् कवियों का स्मरण किया जा सकता है।

शंकर पिल्लै की कविता पर आधुनिकतावादी दबाव भी हैं, इससे इन्कार नहीं किया जा सकता, पर रिक्थ से उनका परिचय और सामाजिक चेतना से उनकी कविता अनुशासित-नियन्त्रित होती है। एक ही कविता में संवेदन के एक से अधिक धरातल दिखाई देते हैं और वह एकायामी होने से बच जाती है। 'प्रार्थना करनी हो तो ऐसे' एक लम्बी कविता है जो स्वतन्त्रता के सूर्योदय से आरम्भ होती है : 'भारतमाता की जय, महात्मा गाँधी की जय और : गूँगे गाँव के लिए वह दिन/ज़ुबान पर शब्दों का वसन्तागम हो गया'। पर दृश्य बदलता है, यथार्थ सामने है : नगर के आकार में बढ़ते नुकीले वाल्मीक/यहाँ कृषि गायब है। उपभोक्ता संसार को 'मोहक संस्कृति' बनाकर परोसा गया जिसे कवि अस्वीकार कर देता है। उसकी अभीप्सा है : बच्चों की झरने सी किलकारी, माँ की उसाँस, दादी माँ का सान्ध्य मर्मर, भाइयों के स्वप्निल शब्द।

के. जी. शंकर पिल्लै एक 'चिन्ताकुल कवि' के रूप में हमारे सामने आते हैं, जिसे कविता की 'आन्तरिक अकुलाहट' कहा जा सकता है। एक गोचर यथार्थ है, जो हमारे सामने है, दिखाई देता है और जिसमें राजनीति का भी वृहद् अंश है। पर जीवन इतना और ऐसा ही नहीं है, उसकी समग्र पहचान के लिए गहरे भी धँसना होता है। शंकर पिल्लै में इतिहास और वर्तमान का द्वन्द्व कई बार उभरता है, पर उमके मूल में कवि की व्यापक मानवीय चिन्ताएँ हैं। अमानुषीकरण समकालीन सार्थक विश्व कविता की बड़ी चिन्ताओं में है, इस प्रश्न के साथ कि मनुष्य की मनुष्यता की रक्षा कैसे हो ? तबाह होते क़िले, लाक्षागृह में बन्द निरीह प्रजा, तहखानों में शवगन्ध, वसन्त के लिए सिसकियाँ (अयोध्या), 'आदिम मुखौटों के साथ पुराने बादशाह' (प्रतीक्षा); 'बुढ़ापे जैसी सिमटती नदी, रोगग्रस्त वृक्ष' (अग्निशमन) आदि में कवि पुराने बिम्बों-प्रतीकों का उपयोग समकालीन परिदृश्य के लिए करता है। कवि जानता है कि : 'हमारे शब्दों में/समुद्र की गूँज नहीं रही,' पर इन्हीं के भीतर से उभरती है, कवि-अभीप्सा : 'इसके बीच में हर एक को अपना गहन समुद्र खोज लेना है।'

के. जी. शंकर पिल्लै की कविता का अपना अर्जित मुहावरा है, जो भीड़ में खो नहीं जाता। यहाँ शब्द किसी अर्थ विशेष के वाहक बनते हैं, यों वे पाए कहीं से भी जा सकते हैं—परम्परा से लेकर लोकजीवन और यथार्थ तक से। समकालीन कविता में शब्द का आग्रह कोई कला-प्रयोग नहीं है, प्रकारान्तर से वह सही अर्थ-निष्पत्ति का प्रयत्न है। के. सच्चिदानन्दन इसे परिभाषित करते हैं : 'कविता कर्म है/हर शब्द को सागर बनाने की प्रवृत्ति/जब दुनिया हमें निहत्था बना देती है/जब हवा ले जाती है चीखों को भी/तब हम असहाय हो/शब्द की ओर ही वापिस आते हैं।' प्रतिबद्धता के साथ संलग्नता की आवश्यकता शंकर पिल्लै महसूस करते हैं और इसके लिए अपने संवेदन-संसार को अधिकाधिक विश्वसनीय बनाने के लिए शब्दों को तौलते हैं, उन्हें सही सन्दर्भ देते हैं। कई बार ये शब्द प्रतीक-बिम्ब का कार्य करते दिखाई

देते हैं, पूरे अर्थ-गाम्भीर्य के साथ : 'अहंकार की कै करने वाले, इन अपच वर्गों को/कौन सूरज, इन्द्रधनुषी छन्द में विलयित करेगा' (तैत्तरीय)। छठे दशक में मलयालम कविता जिन नई दिशाओं की ओर अग्रसर हुई, उसमें मनुष्य की चिन्ता सर्वोपरि है। के. जी. शंकर पिल्लै इसी समकालीन कविता धारा के दायित्वपूर्ण प्रतिनिधि स्वरों में हैं।

कविता का अनुवाद कठिन कार्य है, एक प्रकार से चुनौती, रचना-स्तर पर। हर महत्त्वपूर्ण भाषा का अपना स्थानिक स्वभाव और मुहावरा होता है, उसे दूसरी भाषा के शब्दों में रूपान्तरित कर पाना सरल नहीं। प्रतीक-बिम्ब तो और भी कठिनाई उपस्थित करते हैं। प्रो. ए. अरविन्दाक्षन स्वयं कवि हैं, और मातृभाषा मलयालम तथा हिन्दी दोनों में कविताएँ लिखते हैं। उन्होंने कवि के मूल भाव को हिन्दी में लाने का यथासम्भव प्रयत्न किया है। मेरा विचार है कि भारतीय भाषाओं में अनुवाद-कार्य को प्राथमिकता मिलनी चाहिए क्योंकि यह रचना-स्तर पर सांस्कृतिक संवाद का सार्थक प्रयत्न है।

ब-16, विश्वविद्यालय परिसर,
सागर 470 003 (म.प्र)

प्रेमशंकर

अनुक्रम

धोबी

मेरी धोती की किनारी का रंग फीका होता जा रहा है
बार बार धोबी ने कहा :
'हर दफ़ा साफ़ करते समय
यह लाल रंग छूटता ज़ा रहा है
इतनी लाली इसमें कहाँ छिपी हुई है
पहले भी इस तरह कहीं देखने में आई है
निगोड़ी/नालायक।...'
आखिर धोबी का हठ और भी बढ़ता चला गया...
'कमबख़्त...इसकी लाली के छूटने को रोक भी सकूँगा या नहीं...'
कह कर वह चला गया।
अगली बार धोबी कुछ देर से आया :
फ़ैसला देने को उद्यत जज की गम्भीरता के साथ/
चुपचाप/उसने/मेज़ पर रख/धोती की गठरी खोली/
वह धोती असाधारण ढंग से
एक शहरी के समान सफ़ेद हो चुकी थी।
तह खोलकर देखने पर/
वह बिलकुल फट चुकी थी/
ख़ून की लाली से युक्त ज्वार वाली उसकी हर नस।

कठोर पत्थर पर पछीटने से
बिलकुल सफ़ेद हो चुकी थी/
किन्तु इस बीच
उसके साथ की सब चीज़ें लाल हो चुकी थीं
नदी और तालाब लाल बन चुके थे।

अयोध्या

हे ऊर्मिला,
करीने से सजी पत्तियों से लदे इस पेड़ के नीचे
तुम क्यों खड़ी हो ?
किसको याद करके तुम्हारी आँखें गीली हो गई हैं ?
जंगलों में आग फैल चुकी है।
हाथियों के मस्तक पर ख़ून रिसने लगा है।
शिलाएँ भय से टूटने लगी हैं।
गाँवों से काले बिलाव
शहरों को घेरने लगे हैं।
उस बेवक़ूफ़ चीनी बूढ़े की बिरादरीवालों से
जो भूकम्प हुआ है
उसमें बड़े-बड़े पर्वत हिलने लगे हैं।
क़िले तबाह होने लगे हैं।
राजमहलों की रानियाँ
बुरे सपने देखकर शोर मचा रही हैं।
भयाक्रान्त राजा
निरीह प्रजा को लाक्षागृह में बन्द कर
सब को जला रहा है।
कल शाम को भी
चार सौ लोगों को जला दिया गया :
उसके नाम का जप न करने वाले

साहसियों को,
सही पुस्तकें पढ़नेवालों को।
तहखानों में शवगन्ध भर गई है।
गलियों में सत्यवादियों का रक्त
किसी भीष्म प्रतिज्ञा की तरह
सघन होता जा रहा है।
राजा की पराजय निकट आ रही है।
हे ऊर्मिला,
अयोध्या को वे अपने अधीन कर लेंगे
राजा का सिर काटकर बाहर लटका देंगे।
झण्डी के खम्भे पर लाल झण्डा फहरा देंगे।
वशिष्ठ की सफेद दाढ़ी की तरह।
अब यह काल वापस नहीं आएगा।
जो काल बीत गया
उसे बीता हुआ समझो,
रोओ मत,
इस पेड़ के नीचे से हट जाओ,
तुम्हारे लम्बे बाल, हाथ
ओंठ और छोटे स्तन, बड़ी आँखें,
वसन्त के लिए ये सिसकियाँ....
मुझे भूलना पड़ रहा है।

प्रतीक्षा : आएगा, ज़रूर आएगा

गरमी के मौसम का एक रविवार !
जो शादीशुदा हैं, सब अपने अपने घर चले गए हैं
सुनसान लॉज में
किसी की प्रतीक्षा में बैठा हूँ मैं।
अब कोई नहीं आएगा।
सुराही में एक छेद हो गया है
बरामदे के कोने में
ऊँट के लम्बे गले के साथ
वह औंधी पड़ी है।
पसीने से तर
थका प्यासा।
अब किसी का आना बाक़ी है ?
भविष्यवक्ता कल आए और चले गए
ई.एन.टी. स्पेशलिस्ट का घर खोजता, जो गाँव से आया था
वापस लौट गया,
इसी रास्ते से कल
इनसान को नियति के लिए बलि देनेवाले
सन्त, रक्षक आए
और वापस चले गए
छायादार पेड़ और कुओं का प्रलोभन देकर।
हमारे जीवन के लुटेरे

बादशाह भी आए और चले गए
हुयान-साङ, वास्को डी-गामा
वापस चले गए !
घड़ी में पुराने काल के साथ
गाँधी आए और चले गए
अब लो, इस सुराही की अन्तिम बूँद को सोखकर
क्रान्ति की ऊटपटाँग बातें करने वाले
'प्लीनम' के खेल के साथ जो आए थे
वे भी चले गए।
जिन छोटे-मोटे अभिनेताओं की प्रतीक्षा थी
सब आए और चले गए
पर हमारी रेल गाड़ी में बैठकर
डलहौजी, अब भी हरी झण्डी दिखा रहा है।
हमारी भूख की तरफ़
अमेरिकी गेहूँ खीसें दिखा रहा है।
हर कोई अपनी प्यास के साथ आता है
एक बार आनेवाला कभी विदा नहीं होता।
एक ही आकृति
कभी हृदय
कभी मुखाकृति बनकर
जमती जा रही है।

बैनर, रैली-नारे, जनतान्त्रिक मन्त्री
आदिम मुखौटों के साथ
पुराने बादशाह अब भी हैं।
सिरहाने रखा हाथ अचानक
विषैला साँप बनकर काटने को लपकता है
बड़बड़ाहट और हिचकियों के बीच
हमारी नींद उचट जाती है
अब किसी का आना बाक़ी है ?
आँगन में नीम के पेड़ पर

कौओं का सेमिनार चल रहा है।
उनका विचार यही है
कि उनकी तरह भविष्य भी काला है।
कोई भी कौआ मेहमान को निमन्त्रित नहीं कर रहा है
कहीं भी ख़ुशी के फ़व्वारे नहीं फूटते
फिर भी कोई आएगा, ज़रूर आएगा कहकर
मैं उछल कूद रहा हूँ।
झील के किनारे
मध्याह्न की इस कड़ी धूप में
कौन आएगा यहाँ ?
मेरा प्रिय मित्र ?
भावी पत्नी ? कौन आएगा यहाँ, कौन आएगा
समस्याओं को सुलझाने के लिए
बन्दरगाह में कोई एक जहाज़ ?
आसमान में कोई एक नक्षत्र ?
मध्याह्न की इस कड़ी धूप में कौन आएगा ?
कौन आएगा ? कौन आएगा ?
बैनर्जी रोड से होकर
बकरियों का एक झुण्ड चला जा रहा है
रविवार है, हो सकता है गिरिजाघर से आ रहे हों
हो सकता है, 'मॉर्निंग शो' के बाद
'बैनर्जी रोड' से होकर बकरियों का झुण्ड जा रहा है
उनमें सब के सब लँगड़ा रहे हैं।
एक ख़ूनी तलवार के समान
गरमी के मौसम की यह सड़क झिलमिला रही है
बेचारा गौतम अब न आ जाए
अगर आ गया तो क्या सोचेगा
सिर्फ़ दस उँगलियों की करुणा के द्वारा
इनमें-से किस लँगड़े को बचाएगा ?

गंजापन

जब एक गंजा आदमी
दूसरे गंजे आदमी से बातचीत करता है
तब छिपाने के लिए कुछ नहीं रहता।
मुलायम सी उस मुस्कान में
कुछ भी उद्घाटित करना मुश्किल नहीं है
चाहे वह भूत हो या भविष्य।

परन्तु आज
जब एक कवि दूसरे कवि से बातचीत करता है
तो कुछ छिपा ज़रूर लेता है
जब एक मुसाफिर हमसफर से बातचीत करता है
तो कुछ छिपा ज़रूर लेता है
जब एक पड़ोसी अपने पड़ोसी से बातचीत करता है
तो कुछ छिपा ज़रूर लेता है
जब भारत और चीन के बीच बातचीत होती है
तो दोनों सब कुछ छिपा लेते हैं

अजन्ता की अप्रसिद्ध हरिश्चन्द्र की मूर्ति
आधीरात
अपनी आँखें इस वर्तमान से फोड़ लेती है,
सब से प्रमुख कार्ड

सभी छिपा रखते हैं
एक छुरा और एक सींग
अपने लिए सुरक्षित रखते हैं

:: 2 ::

गंजे आदमी के पास
गंजे आदमी से बातचीत करते समय
छिपाने के लिए कुछ नहीं है
परन्तु अब
लाइब्रेरी में, थियेटर में या रास्ते में उनकी मुलाक़ात हो जाती है
तो दोनों अचानक
अपनी आँख, कान और आधी जीभ पर ताला लगाकर
पूछते हैं :
दोस्त ! तुम कब से गंजे हो ?
पता नहीं
हमें भी मालूम नहीं
अदालत कहती है कि गंजापन पैतृक है
अदालत यह भी कहती है कि शायद
पिताजी या दादाजी ने तेल बदल लिया होगा।
शान और शौक़त नहीं रही
अता-पता नहीं रहा
मुकुट, बाजा, ढोलक, मोर पंख, अनुचर
और फूल सभी झर गए।

टाउन हाल में दार्शनिक ने भाषण दिया
यह शून्य के सर्प का दंश है
यही गंजापन है :
जन्म-मरण का सार।
सहस्रदल पद्‌म का मूल
इतिहास द्वारा संधोधित तर्क
यही है कामू और काफ़्का

शिलाएँ[1] और ऊसर-भूमि[2]
सूखा आकाश, न आनेवाला गोदो
शेने की काली सीटी
स्वत्व की लय के उस पार का चिरन्तन मौन
दिन रूपी शाखा की रात
सागर रूपी शाखा का
एकाकी गरुड़
देखो तो,
ऐसा कुछ जो डरा रहा था या घृणित लग रहा था
दार्शनिक ने छुपा लिया है
आकाश से गंगा हुंकार करती आ रही है
खड़ा कौन है नीचे,
गंजे सिर वाला शिव !

:: 3 ::

दोस्त !
हमीं को खाता हुआ
हमारे ही मस्तिष्क में
एक मगरमच्छ पल रहा है।
दोस्त ! कायरता की वजह से
कुत्ता भौंके बिना रहता नहीं;
यह रहा यमराज,
यह रहा चोर,
यह रहा डाकिया,
यह आ रहा है चन्दावाला,
मेहमान
कुत्ता अपना दर्शन जैसे का तैसा घोषित करता है
—कुत्ता, जो किसी देवता का वाहन नहीं है।

---

1. मलयालम के प्रसिद्ध कहानीकार ओ.वी. विजयन की चर्चित कहानी का शीर्षक
2. वेस्टलैण्ड (टी.एस. इलियट)

दोस्त ! जो कहना है
कहे बिना, कुत्ता तक बने बिना
पूँछ के बिना
नरक गए बिना
हम इन ऊँचे भवनों में सड़ रहे हैं।

हमारी इन छतों में
कबूतर वृक्षों की ओर
चूहे बिलों की ओर
बिल्ली रहस्य की ओर
पलायन कर गई है।

स्मृतियों में नालुकेट्टु[1]
मन्दिर, खलिहान और कोच्चम्मिणि[2]
फ़ौज में मारे गए गोविन्द भैया[3]
सब कुछ ओझल हो रहा है
चुप्पी के इस रेगिस्तानी विस्तार में कहीं
एक अग्निपर्वत—
अपनी आँखें खोल रहा है।
दोस्त ! गंजापन चुप्पी नहीं है
ग़रीबी या बेरोज़गारी नहीं है
शादी में दुल्हिन के बिना वापसी नहीं है।
सच कहनेवालों को
बन्द किए जानेवाली काली कोठरी में,
बिन शाखा के
बिन छाया के
बंजर दीवार मात्र नहीं
फाँसी की उदयहीन छत भर नहीं

---

1. केरलीय मकानों का एक प्राचीन रूप
2. प्रेमिका का कल्पित नाम
3. भाई का कल्पित नाम

जलाए गए घर की नींव भर नहीं
मरणोपरान्त जीवन की सम्पत्ति की अग्रिम उपलब्धि भर नहीं।
देखो,
इस पुण्य धरती की तमाम गलियों में
सुन्दर और सुन्दरियाँ
एकदम गंजे हैं।
तपता हुआ यह माथा
आँख
सिर के भीतर का यह दूसरा सिर
कोई
क्यों नहीं देख पा रहा है ?

चॉकलेट

छुट्टियों में शहर छोड़ते समय
मैंने बच्चों के लिए चॉकलेट सुरक्षित रखे
उनकी प्रतीक्षा भी साथ थी
(बच्चे देवता समान हैं)
(द्रष्टा होते हैं)
रंगीन वस्त्रों से सजकर
मिठास की दो-तीन चुस्कियों के बाद
उनके मुँह में गलकर चॉकलेट समाप्त हो गया।
टेस्ट, इण्टरव्यू आदि के बाद
नौकरी की प्रतीक्षा में सजी मेरी मंगेतर के लिए
(उसको मुझसे भी उतना ही प्यार है)
मैंने रैंक की ख़बर छिपाकर रखी थी
उसने शायद इसकी प्रतीक्षा नहीं की थी।
(सूक्ष्म दृष्टि के कारण ही
लीला चश्मेवाली हो गई थी)

रंगीन वस्त्रों से सजकर
मिठास की दो-तीन चुस्कियों के बाद
लीला की दुनिया में मैं गल गया।
नाराज़गी छोड़
कुत्ता मित्रता दिखाने लगा

परन्तु तब तक
बच्चे, लीला, सभी सगे-साथी
फुसफुसाने लगे :
अब कब जाओगे
अब कब जाओगे
अब कब जाओगे

वापसी

म्यूज़ियम पार्क में पेंशनी धूप
शाम की सैर करके वापस आते वक़्त
भूतपूर्व मन्त्री महोदय ने भूतपूर्व जज साहब से कहा :

यह पार्क मैंने बनाया था
लो, यह देखो : संगमरमर पर मेरा नाम,
कुछ-कुछ लाल दिखने वाले फूलों से लदा यह पेड़
इसे मैं समतापुरी से लाया था
जहाँ देश भर, शहर भर, दिन भर
खिले हुए फूलदार पेड़ हैं।
लाते समय यह एकदम लाल था
सभी ने कहा—ये हैं रक्तिम पुष्प।

देवालयों से भरे इस अन्तरीप की सवेद हवा में
ये हल्के होते गए
गेरुए तथा केसरिया रँगों की इस धरती पर
अब यह भी एक रामनामी है

छिपकली

छिपकली की कटकर गिरी पूँछ ने
मुड़कर देखा, शान्ति से
लो, वह बैठी है मेरी छिपकली,
ऐसी बैठी है कि कुछ हुआ ही नहीं
झरे फूल के द्वारा छोड़ी लता की तरह
बिसूरते हुए कवि के समान
लो, वह बैठी है मेरी छिपकली
नुक़सान से दुखी हुए बग़ैर
किसी पण्डित महाशय के समान
लो, वह बैठी है मेरी छिपकली।

किसी से उसे कोई प्रतिशोध नहीं
कोई नया विश्वास नहीं
मूल्यविघटन का वह मशहूर विषाद तक नहीं
लो, वह बैठी है मेरी छिपकली
परछाईं में, उसकी अपने से भी, बड़ी छाया है
वह रही छिपकली
एक नए शिकार के लिए
एक नई साथिन के लिए
लो वह छिपकली,
फिर इन्तज़ार कर रही है।

रमणन्[1]

अच्छी तरह बाँसुरी बजाता था
सोलह सौ आठ बीवियों का गड़रिया था।
फिर भी
जब एक मेमना खो गया तो
उसने ख़ुदक़ुशी कर ली

कंजूस !

1. मलयालम के प्रसिद्ध रोमैण्टिक कवि चंगम्पुषा का चर्चित रोमानी काव्य 'रमणन्'। काव्य नायक अपनी नायिका द्वारा धोखा खाये जाने पर आत्महत्या कर लेता है।

भारतीय अवस्था : एक धृतराष्ट्र

बंगाल : विप्लव पूर्व का समय उच्चवर्ग की शिराओं में आत्मविघटन का ज़हर भर देता है। उन्हें जल्द से जल्द अन्धा बना देता है। —लू शुन

बंगाल से कोई समाचार नहीं
सिर्फ़ बंगाल से
कुछ जाना नहीं जाता है
कुछ भी।
मेरे बच्चे, पोते, रिश्तेदार
कहाँ हैं ?
वे तरह-तरह के हैं, अमीर हैं
उनके अपने कुएँ, फसल-कटाई और कामकाज हैं
वे अलग-अलग मेहमान भी हैं
उनकी सीमाएँ
ईर्ष्याएँ
जादू-टोना
सीमा भर उनकी प्रतिशोध की घुमावदार माँद हैं।
भागती हुई बिल्ली के सिर को
तलवार की एक ही काट से अलग करके
रेशम से ढँककर, मन्त्र जपकर कुँए में डाल दिया गया
चौबीस घण्टों के बीच
बर्तन, कटोरी, चक्की और पत्तायम[1]

---

1. अनाज का बहुत बड़ा भण्डारघर

खानदान की नींव
कुल की देवी
रास्ते, नदियाँ, सैन्य, गाँव एवं शहर
सबको उन्होंने विभाजित किया था,
हर बात पर झगड़ा
आहुतियाँ
जुए का झूठा खेल और अज्ञातवास
गँवई रास्तों पर धोखाधड़ियाँ
जीभ ख़ून की प्यासी
शब्द ज़हरीले
दलबन्दी और गाँधीवादी हैं
मेरे बच्चे, पोते और रिश्तेदार—
संजय, तुम क्या सोच रहे हो ?
बंगाल से कोई समाचार नहीं
कुछ भी जाना नहीं जाता है
रात, सुबह, मध्याह्न, सन्ध्या, रात और सुबह
मध्याह्न, सन्ध्या, रात, रात और रात
मैं ऐसे ही बैठा हूँ।
कुछ भी जानता नहीं
कुछ भी
चाँदी की तलवार और राजा के आदेश के साथ
आधी रात के वक़्त
घुड़सवार दूत नहीं आ रहा है
सीढ़ियों पर पैर दबाकर
दौड़ता हुआ कोई नहीं आ रहा है
कुछ बता नहीं रहा है
आदेश नहीं, फ़ौजी अभियान नहीं और जीत की ख़ुशियाँ नहीं।
वह पुराना समय नहीं रह गया
समझौते नहीं हैं।
ख़ून के लिए ख़ून और बन्दूक़ के लिए बन्दूक़
साहस के लिए साहस

वह पुराना समय नहीं रह गया है
कड़कती गर्मी है, कलियुग है
हो सकता है कि यही कवि द्वारा संकेतित क्रूर काल है*
संजय, भीतर कमरे में कोई सिसक रहा है
दूर कहीं कोई ज़ोर-ज़ोर से रोता-कलपता है
आकाश और धरती पर भय समाया हुआ है
संजय, तुम क्या सोच रहे हो ?
अव्यक्त ध्वनियाँ
अकेलापन ला रही हैं
संजय, तुम क्या सोच रहे हो ?
मौन तुम्हें दूर लिए जा रहा है।

बंगाल के चारों ओर समुद्र है
नदी तटीय संस्कृतियों का विकास वहीं हुआ
शहरी नवीनताएँ वहीं बढ़ीं
सामन्त, नौकर-चाकर, शताब्दियाँ
उन्मत्त भूखण्ड
महायुद्ध, बवण्डर
पहाड़ी रास्तों की अँधेर भरी ठण्डी दूरियाँ
सब कुछ वहीं हैं
मेरे बच्चे, पोते और रिश्तेदार वहीं हैं
हमारे ये विकृत रूप
मुक़दमा, सज़ा,
साइबेरिया में देश निकाला जाना, फाँसी का फन्दा
डॉक्टर, जल्लाद,
प्रलय, नोह और मनु
सब वहीं हैं
वहीं हैं—नहीं ही हैं।

---

* इलियट—वेस्टलैंड : "यह अति क्रूर काल है। भय की वजह से हम किंवदन्तियों पर विश्वास करते हैं। हमें ठीक मालूम नहीं कि किससे भयभीत होना चाहिए" (मैकबेथ)

बंगाल का रहस्य समझ में नहीं आ रहा है
कुछ भी जाना नहीं जा रहा है।
संजय,
पतझड़ का यह काल
वृक्षों के नीचे सूखे पत्ते इकट्ठा होने वाला यह काल
गर्मियाँ
मुझे यह डरा रहा है
नीचे शीशे के टुकड़े और साँप हमेशा दिखाई नहीं पड़ सकते हैं
लेकिन सूखे पत्ते ध्वंस उपजानेवाली
भूख के बूढ़े डैने हैं।
वह प्रतीक्षा में है
मामूली हवा काफ़ी है
सूखे पत्ते जाग जाएँगे।
कोई ध्यान नहीं दे सकता, जल्दी एकजुट हो जाएँगे
भयंकर बवण्डर खड़ा करते हैं
सब कुछ तबाह कर सकते हैं।

गन्दे गड्ढे में
ठण्डी हालत में बिखरकर इनका पड़े रहना
उस पर भरोसा नहीं किया जा सकता;

अनजाने में बवण्डर उड़ सकता है
रास्ता रोकने वाले, पर्वतों को चकनाचूर कर सकते हैं।
मुझे मालूम है,
इस गर्मी का तीक्ष्ण और रहस्यात्मक सपना
यह धरती को ऊसर बना डालता है
गर्मियों में भटकते लफंगे के चेहरे के समान
इस धरती की गहराई में बिवाइयाँ हैं
सूखी है
मूक है
यह घूर रही है।

नादान आत्माएँ भयभीत हो जाती हैं
अँधेरा आँखों को बन्द कर मृत्यु गीत गा रहा है
सिसिफस के पत्थर चढ़ाने के काज को अपना लेता है
बेकार, बेकार कहकर
व्यर्थ हुए वेद का पागलपन थूकता है।
संजय, जो तुमने देखा, वही सही है
ये बिवाइयाँ निर्वासितों के लिए कोई बसेरा नहीं हैं
वह शव-पेटी भी नहीं जिसने पराजित के लिए धरती को खोल दिया
इन बिवाइयों में कान लगाने वाले काले-कलूटे बच्चे
लगातार जो भारी पदचाप सुनते हैं
वह इतिहास की है
गहराइयों में से होकर तेज़ रफ़्तार से आने वाले बवण्डर की है
उस राक्षस की है जिसकी आँखों में बिजली की कौंध का दाग़ है
तुमने जो कहा, वही सही है
इन बच्चों के नए गीतों में आग है।
लेकिन संजय, न जाने क्यों मुझे
बच्चों से भी डर लग रहा है
यह गर्मी मुझे खाकर ख़त्म कर रही है
पतझड़ की रफ़्तार दुगुनी हो गई है
धूलभरी आग की हवा चल रही है
ऊँचाई का संकेत करती सूखी शाखों के नीचे
सूखे पत्तों की शक्ति बढ़ती जा रही है
इस बाहरी ठण्डेपन पर विश्वास नहीं किया जा सकता
जैसे तुम कहते थे
तहखानों से वह रहस्य की तरह बढ़ेगा
उन पैरों और सड़कों के बीच से,
जिन्हें हम देखते हैं
हमारे क्रम और हिसाबों के बीच से
नवीन और दृढ़ अवबोध की तरह
रहस्यात्मक ढंग से आगे बढ़ेगा, रहस्यात्मक ढंग से
मुझे बिलकुल डर सा लग रहा है।

मेरे बच्चे, पोते और रिश्तेदार बंगाल में हैं
बंगाल में से कुछ जाना नहीं जा रहा है।
एक बार
तीर्थयात्रा करके सामन्तों का एक दल
कालीघाट से कहानियाँ सुनाते हुए
अट्टहास करते हुए आ रहा था,
अचानक गली में बवण्डर उठा
गतियाँ, अस्पताल, बाँध,
रेडियो स्टेशन, शहर भर को तहस-नहस करके
उस समय के बादशाह वीरलाल को
सिंहासन सहित उठा ले गया
बवण्डर के बाद
देश पूरी तरह से बदल चुका था
शासन, क़ानून, रीति-रिवाज़, रात-दिन
—सब एकदम नए-नए
अन्त में ही पुराने लोगों को पता चला
दूरवर्ती गाँवों के किसानों के तीव्र शाप से ही
बवण्डर उद्भूत हुआ था।
यही नहीं, ऐसा ही बवण्डर आ सकता है।
तब तक कवियों और बुद्धिजीवियों ने
उस पर काफ़ी कुछ लिख डाला
कुछ सामन्तों के शरीर
शहर से दूर, जंगल में
किन्हीं कंटीले पेड़ों पर लटक रहे थे
बादशाह का सिर
गंगा के किसी मछुए के जाल में फँस गया।
संजय, मुझे अच्छा नहीं लग रहा है
कालीघाट से आज मेरे बच्चे और पोते
तीर्थयात्रा पर निकलेंगे
हर्षोल्लसित होकर वापस आएँगे
मैं कुछ अन्दाज़ा नहीं लगा पा रहा हूँ

पतझड़ का यह समय मुझे सुख नहीं दे रहा है
मुझे हमेशा लगता है
अपनों की मौत के समाचार के साथ
कोई दौड़ता-हाँफता आ रहा है।
सब दूर कहीं पर हैं
मैं यहाँ
इस धूप की गिरफ़्त में हूँ
आज़ादी मेरी लूट ली गई है
आनन्द अनुभव करने की क्षमता नहीं है
यह ऊसर है
सब कुछ दुरूह और भीषण है।
गरमी की यह आग
अँधेरे की व्याख्या से भी कठिन है।
यहाँ का हर अणु सूर्य बनकर
मुझे तपा रहा है।
संजय, इस ज़माने में
मैं अचानक तुम्हारे शब्दों को भूल जाता हूँ
पुरानी छत पर ध्यान निरत
छिपकली के पैग़म्बराना शब्दों में मेरी दिलचस्पी बढ़ रही है
ध्रुवों की गहराई
उनकी त्रासदीय प्रासंगिकता की पहचान रखने वाला पैग़म्बर—
पहली छत पर ही
धरती के भीमकाय चुम्बक की स्थिरता भाँपकर
बहुत जल्द उसी में वही बनकर चिपक गया
नैरन्तर्य के नए अध्यायों में
पूँछ, हाथ-पैर, सिर, बरौनियाँ, आँख की पुतली,
दृश्य, स्मृति, हिसाब
आदि के विस्तार
सही मापने में
अवस्थान्तरों के विरुद्ध
तपस्या का कड़ा अनुशासन बरतते हुए

बिखरे बिना स्थित
ये पैग़म्बरी शब्द मुझे अच्छे लगते हैं।
'गीतों से मशाल बनाकर'
राजाओं के चेहरे पर मारने की बात मैंने सुनी
जो तुम ने कल कवियों से कहा था।

संजय, इस गरमी के समान
पतझड़ के इस बिगड़े काल के समान
समस्या के समान
मुझ पर वार करने वाली
तुम्हारी शिराओं की तीव्र रौशनी से बढ़कर
इन पैग़म्बरी शब्दों की संघर्षहीन मद्धिम शान्ति
मुझ पर हावी हो रही है।
हमारे रिश्ते में कई दरारें पड़ गई हैं
मेरी आँखों में अँधेरा छा रहा है
अब यहाँ बैठकर मैं जो देख पा रहा हूँ
वह बहुत ही कम है।
बस, रेलगाड़ी के डिब्बे का भीतरी हिस्सा।
खिड़कियों से उसके दाएँ
सिर्फ़ मौत से भरे पर्वत
        जंगली आग में जले झरनों, बकरियों के झुण्डों की
सिर्फ़ हड्डी-पसलियाँ।
सिर्फ़ युद्ध के एक ही भागीदार।
        अभियान में ध्वस्त
        पुल और खानदानों के
        कटे हाथ-पैर और
सिर्फ़ अशोक चक्र की तरह मृतक की आँख
अस्पताल के वार्ड में
सिर्फ़ मेरे बच्चे की लेटी हुई अवस्था
सिर्फ़ गाँधी टोपी का वह विकृत पिछला हिस्सा।
खिड़की की दाईं ओर

सिर्फ़
अक्सर मुर्दे इकट्ठे होने वाला समुद्र का तट
समुद्र का यह संकरा हिस्सा और बुझा हुआ दीपस्तंभ
और सिर्फ़
लापता चौकीदार
सिर्फ़
मेरा ऊँट।
—वह भी भीषण ढंग से सिर उठाकर
कहीं दूर चला जा रहा है।

संजय, उसके पार मैं देख नहीं पा रहा हूँ
भूख के हाथों की हथकड़ियाँ
जिसका तुमने संकेत किया
छाले पड़ने से अदृश्य हुई भाग्यरेखा
सिर्फ़ एक खाली अलुमिनियम का बर्तन।
उस पीठ पर
जलाकर अंकित किया गया—मेरे दादा का नाम
फूला हुआ सीना—
तुम से शापित मेरे पैर
वहीं चिपक गए हैं
गाल पर बहकर आँखों की तरफ़ मुड़कर देखने वाले आँसू
—कुछ नहीं, नहीं, सत्य को मैं देख नहीं पाता।
मैं सच बता रहा हूँ
दूर पर उन्हें देखते ही
मेरे अन्दर आग भभक उठती है
लगेगा, वे सूखे पत्ते हैं।
लगेगा, भीषण बवण्डर आ सकता है
लगेगा, कँटीले दरख़्तों में मेरे बेटों को लटकाया जा सकता है।
मछुए के जाल में मेरे सिर को फँसा सकता है
संजय, अन्धत्व एक अच्छा कवच साबित नहीं हो रहा है

संजय,
जो मिट्टी में रेंगता है, उनकी लहरें क्या खोज रही हैं ?
अपने शरीर के बदले एक अन्य अभयस्थान ?
मेरी तृष्णा भी वही है
अगर मैं दूसरा कोई होता।
संजय,
मुझे सन्देह हो रहा है
लो, गाँवों के ऊपर
घुमावदार बवण्डर उड़ रहा है।
उस बुड्ढे शैतान की पसलियों से
सूखे पत्ते भिड़ रहे हैं
वे, जो एक दफ़ा टूट चुके हैं
बवण्डर के शिखर पर फिर से फूल रहे हैं
आग फूलती है और डर व्यापता है
वृक्षासुर बनकर ख़तरा फलने लगता है।
क़ानून का विरोध करता है
सरकारी घड़ियाँ फोड़ता है
जेल तोड़ता है
पुरानी सीढ़ियाँ तोड़ता है
नदियाँ, सड़कें और रेल की पटरियाँ—सब
टूटती हैं।
संहारकर्ता का राक्षसी रूप
आकाश में बड़ा होकर भर जाता है।

रास्तों के अदृश्य नैरन्तर्य से होकर
आधी रात
जादुई बत्ती लिए जल्दी-जल्दी
कौन चला जा रहा है ?
तहखानों से रहस्यात्मक ढंग से कौन बढ़ रहा है ?
इन लौंडों के गीतों का तूफ़ान कौन है
आग कौन है ?
बंगाल के मध्य तीन पदछाप से
राजा के सिर पर

कौन लात मारने आ रहा है ?
—मेरी समझ में कुछ नहीं आ रहा है,
सिर्फ़
सन्देह और संशय।
अख़बार, रेडियो, टेलीविज़न
कोई सच नहीं बता रहा है
उधर कुछ घट रहा है—वह पुराना काल नहीं रह गया है
देश के तहखाने में दुर्गा है, काली माँ
सींग है, नख है, आग की तलवार है और असमाप्त क्रोध है।
बंगाल से कोई समाचार नहीं।
उधर
कोई मार रहा है
कोई मर रहा है
भूख मार रही होगी
सिर काटकर फाटक पर लटका रहा होगा
कँटीले दरख़्तों में लटका रहा होगा
लॉक-अप में रौंद रहा होगा
नहीं तो युद्ध हो रहा होगा
बम से उड़ा रहा होगा
नहीं तो भीषण बवण्डर होगा
वृक्ष और मकान आपस में भिड़कर
सिर टकराकर बिखर रहे होंगे
धरती के रास्ते अदृश्य होते होंगे
नहीं तो बाढ़ होगी
सभी डूबकर
फूले हुए सफ़ेद शरीर के साथ ऊपर आते होंगे
जो समाचार सुना, वह भीषण है
जो नहीं सुना, वह अधिक भीषण है
संजय,
उधर क्या घटित हो रहा है
क्या है, क्या है ?

अग्निशमन

मेरे मित्र ऋषिवर्मा को
ट्रांक्विलाइज़र चाहिए
निष्क्रियता को
क्रियाओं में बाँधकर
आँखें और कान पहनाते हुए
पैसे और नुस्खे के साथ
शहर की ओर हम प्रस्थान कर गए।

:: 2 ::
पैसे और नुस्खे के साथ
विह्वलताएँ हर घर से बाहर आ गईं
जुलूस के प्रेत के समान
आम सड़क से हम बढ़े
चार-पाँच व्यक्तियों ने
अपने डॉक्टरों का स्तुतिगान किया।
आम सड़क
बिना किसी प्रतिक्रिया के साथ
माथे की नस के समान जलने लगी।

:: 3 ::
मद्रास-मैंगलूर मेल

नदी तट से होकर एक रेल-यात्रा
रेल के डिब्बे में अख़बारनवीसों की भीड़।
नदी और रेल :
जल और अग्नि की समान्तर रफ्तार
अकसर कहा जा सकता था,
अगर नदी बहती होती।
बहती नहीं
हो सकता है कि नदी
निगूढ़ स्थानों की ओर मुड़ गई हो
रात की रहस्य भरी बाढ़
दिन के ख़ून से सने सपने
तिरुनावाया[1] की बलिदान-कथाएँ
सूखते-सूखते
नदी हट गई।
खेत, नाले पोखर और ककड़ी की लताएँ
किसान की हस्तरेखाओं से भी
नदी हट गई।
गड्ढे में धँसी आँखों से
आतुरता के साथ
आज़ादी के गीत गानेवाली ज़ुबान से
नदी हट गई।
स्वरहीन अवरोहण।
बावड़ी की गहराई में ही
नदी सिमट गई
जैसे गिरफ़्त में हो।
बावड़ी की निश्चल स्मृतियों के साथ
नदी सिमट गई।
जैसे बुढ़ापा हो।
धोबी और गधा

---

1. केरल के इतिहास की पहली क्रान्ति का घटना-स्थल

गन्दे कपड़ों के साथ
पानी वाले इलाक़ों की खोज में निकल पड़े
पसारे हुए मोरपंखों को बाँध
झाड़ू बनाकर हमें दिया और
स्वप्न-काल का मोर कहीं निकल पड़ा
तिल, फूल, दूर्वा, लकड़ी और मुर्दों के साथ[1]
मित्रों की पंक्तियों का आना शुरू हो गया
सूखी भारतपुषा[2] की चन्दन सदृश निश्चलता।
ऋषि ने कहा :
सूखी नदी : उत्कण्ठा की देवी।

:: 4 ::

रेलगाड़ी की रात-दिन की ताल ध्वनि
रफ्तार के उत्कर्ष में वह
परिन्दे की तरह स्वच्छन्द हो गई।
ऋषि ने कहा :
अशान्ति की मूर्छा में यात्रा शान्ति है
अख़बारनवीस ऊँघने लगे
दृढ़ताहीन सिर
दाएँ-बाएँ
हाँ या न के बीच झूलते
स्प्रिंग के पुतले
सिर्फ़ निद्रा के ज़रिए
अपने स्वत्व को प्रकट करने वाले।
स्प्रिंग पुतला बने बग़ैर
जागे हुए एक आदमी ने पूछा :
आप लोग ?
ऋषि ने कहा :

---

1. पितृतर्पण में प्रयुक्त होनेवाली चीज़ें
2. केरल की एक प्रमुख नदी जिसके तट पर तर्पण कार्य होता है।

हम पूर्व से आए
तीन ज्ञानियों में से दो[1]
"तीसरा ?"
तीसरा
हो सकता है जेल में हो,
पानी में मछली की तरह
संसार रूपी सागर में कहीं,
भलमानस या वैरागियों में एक बनकर
स्वर्ग या नरक,
या बावड़ी में कहीं...

कहीं....
(गिर न जाए
मद्रास-मैंगलूर मेल
गिर न जाए
गिर न जाए)
दवाई की दूकान के सामने लम्बी कतारें
जुलूस नहीं
कोई उछलन नहीं, अनुगूँज नहीं
जलती नसों की तरह
सूखी नदी की तरह
बस एक क्यू।
अपने अपने ज़ख़्मी बर्तन के साथ
पंक्तिबद्ध खड़ीं
ज़ख़्म, पीड़ा और विह्वलताएँ।
भय की आशंका से विकृत
एक बहुत बड़े रोगग्रस्त वृक्ष की तरह
ओक्टोपस की सी जड़ों सहित
बिना किसी आवाज़ के साथ, वे आगे बढ़ते हैं

---

1. ईसा के जन्म के समय आए तीन विज्ञ व्यक्ति

दवाई की दूकान के सामने लम्बी कतारें
अचानक
शहर के राजपथ से होकर
फ़ायर इंजिन ज़ोरदार आवाज़ से चीरता चला गया
भगवान गीता के श्लोकों को उच्चरित करते हुए
दस आदेशों[1] की घोषणा करते हुए
बार-बार बाँग देते हुए
लाल-लाल कपड़े पहनकर
राजपथ से होकर
फ़ायर इंजिन ज़ोरदार आवाज़ से चीरता चला गया
घण्टी बज रही है
घण्टी बज रही है गला रुँध गया है
घण्टी बज रही है।
ऋषि ने कहा :
कई बार सूली पर चढ़ी अग्नि
शहर में कहीं
धुआँती धरती पर कहीं
कहीं....कहीं

1. बाइबिल के पुराने नियम के दस आदेश

तर्जनी

मेरा मित्र ऋषिवर्मा पिछले साल
तीर्थ यात्रा के लिए गया
ऋषिकेश।
बीच में बस-दुर्घटना हुई
कौन कह सकता है कि कितनों की मृत्यु हुई
बच गया था
एक आधुनिक चित्रकार।
उसने कहा :
सुखद यात्रा के हाथ-पैर कट गए
रफ़्तार कहीं बेहोश पड़ गई
टीले से सियार और मृत्यु उतर आई
आकाश से कुहरा और मौन उतर आया
रास्ते बन्द हो गए
भय ने हमारा ख़ून पिया
हरेक ने खोया
कुछ न कुछ
मेरे मित्र ऋषिवर्मा की दोनों तर्जनियाँ कट गईं।

जज साहब ने कहा :
जिनकी तर्जनी कट गई है
अगली उँगली उनकी तर्जनी है

जिनकी सभी उँगलियाँ कट गई हैं
उनका हाथ ही तर्जनी है
जिनके हाथ कट गए हैं
जीभ ही तर्जनी है
जीभ जिसकी कट गई है
सिर तर्जनी है उसकी
सिर जिनका कट गया है
उन्हें
जो इशारा नहीं कर सकते
यह अदालत तर्जनी है।
मुर्दों में उगनेवाली घास उन्हें नहीं चाहिए
तर्जनी के रूप में
उन्हें झण्डी नहीं चाहिए
सूली नहीं चाहिए
शहीद-स्मारक नहीं चाहिए
यह अदालत तर्जनी है।

फैसले की प्रतीक्षा करनेवालों के ऊपर
लुटे हुए लोगों की अनियन्त्रित अवस्था के ऊपर
आवेग के साथ
जज साहब ने हाथ उठाया
पर उसका कुछ हाथ लगा नहीं
कुछ भी छू न सका
उसने कुछ दिया भी नहीं
एक फूल, लय या थोड़ी सी भस्म
कुछ भी नहीं।

फैसलों और रुलाइयों के बीच
पहरेदार की चुप्पी भी मजेदार है
ध्यान भटकने लगता है
उसके हाथ में
समय की तर्जनी उठ रही है।

अंगाडियाँ[1] अच्छी नहीं है

मुर्दों को दफ़नाने के लिए
पुराने ज़माने में
नन्नंगाडिकळ ।[2]

पैतृक को दफ़नाने के लिए
जीते जी
हमें दफ़नाने के लिए
आज
अच्छी है
अंगाडियाँ

1. बाज़ार
2. पुराने ज़माने में मिट्टी के बड़े-बड़े घड़े जैसे बर्तन में मुर्दों को दफ़नाया जाता था (दोनों शब्दों के उच्चारण साम्य पर जोर)

भीतरी भीतर

कितना अच्छा है
कि यहाँ फेंस है
फेंस पर फाटक
फाटक के लिए
कितना अच्छा है
कि ताला भी है।
छोटी सी बगिया
पक्षियों की मीठी आवाज़
कुत्ते के समान ऊँघता आँगन
भीतर मैं अकेली।
ज़हरीले दाँतों को छिपाकर
अकेले क्षणों की प्रतीक्षा में
लुक-छिपकर
बगिया के रँगों में
फल देनेवाली आँखों के साथ
आनेवाला ख़ूबसूरत साँप।
कितना अच्छा है
कि यहाँ दीवार है
कितना अच्छा है
कि दीवार के लिए दरवाज़ा
साँकल

ताला भी है।
कितना अच्छा है
कि ताला लगाकर
कितना अच्छा है
कि रोज़ की तरह घर के मालिक लोग
काम पर चले गए।
नहीं तो
ऐसे ही
वनिता[1] पढ़ते हुए
चूड़ियाँ गिन-गिन कर
स्टार टी.वी. देखते हुए
इस जीवन को बरबाद किए बिना
कभी फाटक पार कर
रास्ता पार कर
जेल पार कर
शहर पार कर
मैं अपने काले साँप के साथ
स्वर्ग हासिल करती।

---

1. मलयालम की एक नारी केन्द्रित पत्रिका

कोच्चि के दरख़्त

एक ज़माने में
तृक्काक्करा[1] से कोच्चि तक का रास्ता
सीधी लकीर के समान आस्था से युक्त था।
बन्दरगाह पर खड़े हों, तो तृक्काक्करा के मन्दिर का
दिया देखा जा सकता था
और तृक्काक्करा के मन्दिर का दिया
सागर की नीली लहरों के नम्र शिर को देख सकता था।

बहुत पहले
टीपू
गामा
कोच्चि के वर्मा राजघराने
चोर-उचक्के, धोखेबाज़, झूठ-मूठ[2]
ज्ञानरूपी फल लाने वाले साँप जैसे मोड़ों के पहले[3]
मुद्रण, अँग्रेज़ी और एलोपैथी जैसी रफ़्तार के पहले
तृक्काक्करा से ले कर
कोच्चि के बन्दरगाह तक का रास्ता
एक क़हावत की तरह

---

1. महाबली के मिथक से जुड़ा स्थान।
2. महाबली के सुशासन की प्रशंसा में प्रचलित लोकगीत से सम्बन्धित—'उनके शासन-काल में न कोई चोर था, न झूठ-मूठ की बातें चलती थीं, धोखाधड़ी कतई नहीं थी।'
3. द्राविड देवता मुरुगन जो ज्ञान का देवता है। कार्त्तिकेय ?

गँवई रोशनी से भरा पड़ा था।

उस रास्ते के दोनों तरफ़
'रममरम् मरमरम मरमरम'[1] की आवाज के साथ
बड़े-बड़े दरख़्त खड़े थे
पंक्तिबद्ध,
कान हिलाते हुए, पूँछ हिलाते हुए, सूँड़ हिलाते हुए।
कड़ी धूप में
छतनार छायाएँ
यात्रियों के लिए स्वर्गीय पितामहों के आशीर्वाद से युक्त
हाथ बन गई थीं

बाद में
उन में से कुछ रामनाम बन गए
देवताओं के रूप बन गए
राक्षसी दाँत हो गए
दीपस्तम्भ बन गए
कुछ तख़्त बन गए
कुछ पालकी बन गए
कुछ घर बनाने के काम में आ गए
कुछ चित्र-खचित दरवाज़े बन गए
मिस्र देश या यवन देश में
कुछ चन्दन की गन्ध फैलाते रहे
कुछ चेण्डा[2] बजाने के काम में आ गए
कुछ पक्षी के प्राण रचे गए गीत बन गए
कुछ पश्चिमी हवा के लिए वीणा बन कर
कुछ लम्बे-तगड़े हो गए बाल-बच्चेदार
कुछ शक्तिहीन फलहीन हो कर परम्परा में विलीन हुए
और कुछ झण्डी का खम्भा

1. दरख़्तों की फुसफुसाहट—'मरम्'—इस मलयालम शब्द का अर्थ है पेड़।
2. केरल का प्रसिद्ध बाजा जिसका समवेत प्रयोग सभी उत्सवों में होता है।

कुछ फाँसी का तख़्ता।
मुर्दाघाट पर
बोधिवृक्ष के नीचे जंगली भूत के समान
आहत सौन्दर्य के साथ
पतित समय पड़ा है
क्रूरता और करुणा से युक्त
मुक्ति के चुम्बन की प्रतीक्षा में
शरण के विकृत शिखर पर
इडप्पल्ली[1] दीनता का झण्डा बन बैठे।
धरती और आकाश में पक्षियों के झुण्ड के समान
चङ्ङम्पुषा[2] बढ़ते गए
पुल्लवों[3] की तन्त्री में वैलोप्पिल्ली[4] बिजली बन गए
शब्दों में वसन्त की ध्वनि को उतार कर
फूलदार पाताल वृक्ष बनकर 'पी'[5] आए
शब्दों के महाबली

रास्ते के पदचिह्नों से युक्त हो गए
पैर रास्तों के नुक़ूश से युक्त हो गए
नरक के अवरोह के समान
मोड़ एवं उद्वेग और तीव्र हो गए
उस रास्ते के दोनों तरफ़
छोटी-बड़ी चिमनियाँ बढ़ने लगीं।

खाद उद्योग
औषधि निर्माण उद्योग
नियम निर्माण कार्यशाला

---

1. मलयालम का प्रसिद्ध रोमाण्टिक कवि इडप्पल्ली राघवन पिल्लै।
2. रोमाण्टिक कवि चङ्ङम्पुषा कृष्ण पिल्लै।
3. एक जनजाति विशेष का नाम जो गाते फिरते हैं।
4. मलयालम के आधुनिक कवि वैलोप्पिल्ली श्रीधर मेनोन।
5. एक अन्य रोमाण्टिक, लेकिन शतशः केरलीय संस्कृति से जुड़े कवि।

विश्वविद्यालय
रूढ़ियों को साफ़ करने वाली कार्यशाला
नए-नए मशहूर ख़ानदानों से धुआँ उगल रहा है।

ज़मीन को छुए बिना
दरख़्तों के प्रेत रूप बन जाने लगे
मेरे इस पुराने पोखर के
मीन के नाच और तारों से रेत को छिपा कर
बढ़ने वाले शैवाल के समान
हवा के हर झोंके के साथ गति बदलते हुए
दार्शनिकता से युक्त लोकचेतना बनते हुए।
शिकार की ताक में स्थित ज़हर बनते हुए।
हर किसी की आँखों में धुआँ बढ़ने लगता है।

आनाकानी की कच्ची लकड़ी पर
हमारा यह दीर्घकालीन शवदाह
कान, नाक और ज़ुबान को
हम से पकड़े खरगोश के सींग[1] को
तमाम चमरौंधों के पहले के नन्हे पदचिह्नों को
आहिस्ता-आहिस्ता
धुएँ की सूँड़ जकड़ने लगती है।
उठने की जल्दबाज़ी क्यों करें भला
अभी काफ़ी समय है।

1. मलयालम की एक कहावत—अपना दम्भ दिखाने की उत्सुकता।

स्वरासुर के शहर में

कानों की भीड़
मौन को गोद लेने के लिए भटक रही है
स्वरासुर के शहर में।
प्रेम
सौदागिरी
पी.एफ.लॉन,
पत्थर का ढेर
बड़ी झील
की तरह
अचानक
वाष्प न बननेवाले मौन को
नक्काशी से युक्त मूर्तियों
या सींचकर मिठास
उगाने योग्य मौन को

तिरस्कार

एक बार
एक महर्षि ने चूज़े और कौए के बच्चे को निकट बुलाया
और कहा :

पंख हैं ज्ञान
जब तक पंख पक्के न हों, उड़ना नहीं
अन्धेर-भरी झीलों के ऊपर
गुलेल-सी आँखों वाले बाज़ार के ऊपर
बन्दूक़-सी आँखों वाले शहरों के ऊपर
परिपक्व हुए बग़ैर
उड़ना नहीं।

छोटी मुर्गी
कटहल के पेड़ की छाया में
दाना बीनती रही
समझदार होने के बाद उड़ना बेहतर होगा।

यह कह कर कौए का बच्चा उड़ गया
कि महर्षि का हर शब्द ताबूत जैसा है
वह उड़ चला
फलों की नई वादियों की ओर
बच्चों की जागृति की ओर

सड़ती जूठन की ओर
भिखारिन की तृष्णा के साथ
चबूतरे पर रखे श्राद्ध की ओर
पितृपिण्ड की आँखों के साथ
बारिश की गहराई की ओर
मछली के धर्म के साथ
धूप की दूरियों की ओर
बाण के लक्ष्य के साथ

वह हार गया
मोर से
कोयल से
हंस से।
पर जनतन्त्र में जीत कर
रौशनी में आस्थावान बन कर
कालेपन में बढ़ते हुए
वह एक बड़ा-सा कौआ बन गया
धरती और आकाश में
उसके रास्ते ख़त्म नहीं हुए।
कटहल की छाया-तले
मुर्ग़ी जवान और ख़ूबसूरत हो गई
आँगन में
दहलीज़ पर
गलियारे में कमरों में दिन बिताए
घर के व्याकरण में वह मस्त थी
यादों, सपनों और बेबसियों को वह बीनती रही
हिचकती, शर्माती
पर रोबीली बन
वह मोटी होती गई।

पढ़े-लिखे
परिपक्व

अक़्लमन्दी की भूख से जो आए, उन्होंने
उसे पकड़ लिया

उसकी .ख़ूबसूरती को उन्होंने उतार फेंका
और उसे खा लिया।

तरह-तरह के पोज़ के फ़ोटो

साहेब,
आप जैसों के, तरह-तरह के पोज़ के फ़ोटो
बहुत ज़रूरी हैं।
झुके हुए, तिरछे खड़े हुए,
खड़े हुए, चलते हुए, हँसते हुए, सोचते हुए
रेखांकन करते हुए, चकित होते हुए
सिगरेट पीते हुए, पढ़ते हुए, लिखते हुए
बीवी-बच्चों के साथ
निकट थे जो पहले और अब विरोधी बने कॉमरेडों को
गले से लगाते हुए
क़रीब से फिर दूर से
तरह-तरह के पोज़ के फ़ोटो
बहुत ज़रूरी हैं, साहेब !

आज जन्मे किसी बच्चे के साथ
कोणार्क में
बेलूर में
जलती चिता के निकट खड़े हो कर
इस गहन व्यथा में डूब कर
कि जीवन का मोह मत कर मन !
गहरी पीड़ा झेलते हुए

दूर-दराज़ की मंज़िलों को ताकते हुए
तटों को तोड़ कर बहती नदी के समान
अपना देश हड़पने
कुल्हाड़ी चलाते हुए
जुलूस का नेतृत्व करते हुए
शादी-ब्याह के मौक़े पर बधाइयाँ देते हुए
जीत की ख़ुशी में जनता का अभिवादन करते हुए
मनचाहा पाने से फुलझड़ी के समान खिलते हुए
ग़ैर-ज़िम्मेदार हरक़तों पर कुण्ठित होते हुए
तरह-तरह के पोज़ के फ़ोटो
बहुत ही ज़रूरी हैं, साहेब !

जिन्होंने हमें देखा नहीं
या जो रोज़ ही मिलते हैं
और ख़ुद हम
देख लीजिए
ऋतुओं से हो कर
हम कैसे नाचते-गाते हैं
तरह-तरह से, हम न जाने क्या-क्या रचते हैं
और किस-किस का संहार करते हैं
साहेब !
लगातार लोगों से अठखेलियाँ करके ही
सागर इतना विशाल हो गया है
नदियाँ मिथक बनी हैं।

:: 2 ::
वैक्कम मुहम्मद बशीर इस बात को ले कर दुखी हैं
कि फ़ोटो खिंचवाते-खिंचवाते उनका चेहरा घिस गया है।
साहेब, यह एक बात ज़रूर याद रखें
इसके करिश्मे से
हमारे नेता गुलाबी रंग के हो गए हैं

अनजान अँधेरों में
सबके लिए पवित्र ज्योति प्रज्वलित करते हुए
साहेब, ज़्यादा फ़ोटो यानी ज़्यादा ज्योति
हमारी अस्मिता
साहेब, एक स्नैप में समा नहीं पाएगी
कम से कम एक बार जो फ़्लैश की रौशनी में भरमाया नहीं
भीड़ के ग्रुप फ़ोटो में आया नहीं
उसका जीना हराम है
अरूप तिमिर का विस्तार है।

:: 3 ::
कैमरे की तरफ़ देखते वक़्त
मैं बेचैन-सा हो जाता हूँ
उसकी वह आँख
उसकी जीभ, नाक
संसार का भयावह भँवर
उस के केन्द्र की वह गुहान्धकार सुरंग
उसका उछलता-कूदता गतिशील यन्त्रचालित शरीर।

कैमरे की तरफ़ देखते समय मेरी आँखें
अपनी आँखों की तरफ़ न आकर अलग हट जाती हैं
होंठ,
होंठ की तरफ़ न खिलकर झर जाते हैं
लगता है कि किसी और के कान लग गए हैं
कान के ठीक न लग पाने से खुजली-सी हो रही है।

एक मक्खी
नाक के ऊपर बैठी है
नाक को पाताल की ओर धकेल रही है।
एक ही चीज़ को देखते-देखते
मैं अनेक जिन्सों में बँट जाता हूँ
जब नदी को एकता की ज़रूरत है
तो मैं बारिश की भटकन बन जाता हूँ।

:: 4 ::

थैंक यू सर !
साहेब, थोड़ा और चाहिए
धूप के विस्तार में एकमात्र छायादार पेड़
और नदी के किनारे
दीपस्तम्भ
ऊटी या कश्मीर में नए-नवेले फूल के संग
बाहरी लोगों के लिए लेनिन बन
पूजा के कमरे में पून्तानम्[1] बन
अगवानी के समय तिडम्ब[2] बन
सींग बन कर, सूँड़ बन कर
तर्क-वितर्क की अँधियारी में
संसार भर को अपने वश में करने के लिए
साहेब
तरह-तरह के पोज़ के फ़ोटो
ज़रूरी हैं साहेब !
बहुत ज़रूरी।

1. मलयालम के एक प्रसिद्ध भक्त कवि
2. मन्दिरों में देवताओं के रूप को एक काठ के तख़्त पर चिपका कर उसे पीतल की मीनाकारी से सजाया जाता है, उस बड़े-से तख़्ते को 'तिडम्ब' कहते हैं। हाथी के ऊपर इसे रख कर देवता की अगवानी की जाती है।

अर्थ

दुनिया को
भाषा की रस्सी में पिरोकर
घड़ी की तरह
मैं लिए ले चलता हूँ
कहीं भी जाते समय
कुछ भी करते समय।

इसलिए
किसी दूरी का
किसी काम का
किसी शब्द का
किसी ताल का
किसी समय का
एक ही अर्थ : काल

छोटे को निगलने वाला बड़ा

हम शिष्य स्नान करने तालाब में उतरे
एक बार पानी में डूबकर उठते ही
तालाब सूख कर गायब हो गया।
हम भीगी हुई डबलरोटी के टुकड़े नहीं बने
पर तालाब खाली दूध का बर्तन बन गया।
बरौनियों, बालों, मुस्कानों एवं खाँसियों में
रेत के कण चिपके रहे।
व्याख्याता ने हमारी जाँच-पड़ताल की :
जीभ दिखाओ : सूखी नहीं है
नस : ज़िन्दादिली है
आँख : गीलापन और नीला आकाश है
घबराने की बात नहीं
स्रोतों में प्रकृति लबालब भरी पड़ी है।

:: 2 ::
साथी, नाव खेनेवाले तथा जालवाले बनकर हम
समुद्र के मछली-जंगल की ओर गए।
जल-गुफाओं और जल-शृंगों को पार कर
नियमानुसार
गहन समुद्र में हमने जाल फेंका।
नावों में मछलियाँ भर गईं।

यश रूपी धन की तरह
चकाचौंध से युक्त समुद्र के विस्तार में
हमने विजय-नृत्य किया
लेकिन
तरंगों से युक्त समुद्र
मरुस्थलीय रेखाओं में तब्दील हो गया।
भरी-पूरी जीत पर
चील की चोंच पड़ने लगी
काँपकर खड़े हमसे
अपने व्याख्याता ने कहा :
समुद्र माने
तुम्हारे लिए सिर्फ़ मछली
जीत माने
चकाचौंध यश
उसी से यह विभ्रम है।
दिखते हुए पूरे काल को
मरुस्थलीय समझा गया यह रेतीला सपना
इसके बीच में
हर एक को अपना गहन समुद्र खोज लेना है।
अदृश्य हुए पूर्वजों को
पुरातन अपरिभाषेय भावों को
शीतोष्ण युद्ध-प्रवाहों को
चौराहे पर
जासूस की पहेलियों को
मित्रता की चाँदनी के बूढ़े डैनों को
पराजय की गहनताओं के तहखानों को
अपने दिए को खोजती माताओं को
गँवई वाद्यों के अप्रचलित स्वरों को
शीशे के बदन के साथ
पानी में तैरती मृत्यु को
तमाम झण्डियों को पंख में बदलकर

तैरते महामत्स्य को
छोटे को निगलते बड़े को
काल को।
याद करो,
सत्य नहीं, सिर्फ़ व्याख्याएँ ही हैं।
प्रत्येक परिवर्तन
व्याख्या है।

:: 3 ::

उसके बाद हम
धार्मिक ग्रन्थों के अनुवाद
व्याकरण, कोशग्रन्थ
और बोलचाल की भाषा में कविता तक रच डाल
लिख-लिखकर
लिखने की धुन सवार हो गई।
हम जहाँ खड़े थे
शहर में तब्दील हो गया
हमें देखकर
शहरों में
ज्वार-भाटे हुए
लेकिन
हमारे शब्दों में
समुद्र की गूँज नहीं रही
स्रोतों में प्रकृति छलकी नहीं
प्रेम, तर्क, क्रोध, मौन पर
रेतीले कण चिपके रहे
धुन, दृष्टि और अर्थ से वंचित
शहरी क्षणों के समान
रेतीले कण
चिनगारियाँ बनकर जल गए
व्याख्याता ने हमारी जाँच-पड़ताल की :

घबराने की बात नहीं, ये सिर्फ़ ग्रेनस् हैं
सम्प्रेषण
या रिसेप्शन में
थोड़ी सी रुकावट
सॉरी फॉर दि इण्टरॅप्शन।

भेंटवार्ता

(कभी किसी की लिखी हुई)

सर्वाधिक पसन्द ?
मुझे ही
उसके बाद ?
वह
ऐ सा हो ता न हीं है।

प्रार्थना करनी हो तो ऐसे

मुझे वह दिन याद है
कटम्पनाड में
पहली बार ध्वनिक्षेपक आ गया था।
स्कूल से हम बच्चे
उस दिन देर से पहुँचे।
मन्दिर के आँगन के बरगद के पेड़ पर
जिसमें तिरंगा फहरा रहा था।
उसके नीचे था
ध्वनिक्षेपक का 'कोलाम्बी'[1] फूल।
मलक्कुडा के त्योहार के बैल के सिर के समान उत्तुंग[2]
आत्मा के खेतों को
जोतकर जगाती उसकी योद्धा-दृष्टि
  "बोलो भारतमाता की जय
  महात्मा गाँधी की जय"
यह सर्व निनाद सुनने पर
केले के बगानों एवं पगडण्डियों के कान
लगा कि अचानक खड़े हो गए।
बधिर ने स्वर की परछाईं को भाँप लिया

---

1. लाउडस्पीकर के बराबर दिखनेवाला पीला फूल--शब्दार्थ—पीकदान के बराबर दिखनेवाला फूल
2. कोल्लम जिला के एक गाँव में होनेवाला त्योहार

लकवे से पीड़ित आदमी उठ बैठ गया
नाचते-गाते बच्चे
नादों के बाग में परिणत हुए।
दादीमाओं ने यह इतिहास नहीं सुना
मन्दिर में
अस्त होते दिन के मूक पाताल के पुराने दरवाज़े पर
उन्होंने दिए जलाए
उन दिए की लौ की नृत्य-लय में
उन्होंने नाद-ब्रह्म के लिए कान फैलाए :
अपने जन्म-नक्षत्र का विलाप सुना।

:: 2 ::

बरगद की शाखों में लाल झण्डियाँ झूम उठीं
इन्किलाब ज़िन्दाबाद
हम जिन खेतों की कटाई करते हैं
अरे प्यारो
वे सब हमारे हो जाएँगे[1]।
बिजली की कौंध को मलयालम में बात करते सुनकर
कौए तथा कबूतर
कोरन नीली एवं माला जग गए
उनके पंख पसर गए।
भूतकाल से मोर ने
कटम्पनाड के भविष्य की तरह इन्द्रधनुष फेंक दिया।
गूँगे गाँव के लिए वह दिन
ज़ुबान पर शब्दों का वसन्तागम हो गया।
विस्मृति के बड़े मुर्दाघाट के मौन का आवरण हटाकर
आर्तनाद
उरुमियाँ[2] बनकर जाग उठा।

---

1. केरल में प्रचलित एक नारेबाजी
2. उरुमि—एक विशेष प्रकार का हथियार जो 'कलरीपयट्टू' में प्रयुक्त होता है।

स्मृति और स्वप्न से जगकर
भाषा तलवार और 'चिलम्ब'[1] में बदल गई।
किंवदन्तियों से भी अधिक गहरे में से
शहीदी गूँज उठी।
ज़ोरदार आवाज़ में
आत्मा का समुद्र उबल पड़ा
बधिर संसार को सुन जाग उठा
लकवे से ग्रस्त आदमी आँगन में उतर आया
नया आकाश नयी धरती।

शर्ट न पहने बुज़ुर्गों का इतिहास
गँवई पोखर के समान मूक और मूढ़
निश्चल एवं सीमित करार दिया गया
उन्होंने जो घास-पत्तियाँ बचाईं
भुतहे बाल उन्हें घोषित कर दिया गया

नौबत यह आई
कि ध्वनिक्षेपक नहीं तो
मुर्ग़ा बाँग न देगा
नाग वापस नहीं आएगा
डैने छोड़ेगा नहीं
होश-हवास नहीं
मंगलसूत्र दृढ़ नहीं होगा
वाद्यवृन्द ठीक नहीं होगा
त्याग नहीं गूँज उठेगा
शोर ही जीत
शोर ही प्रतिभा
शोर ही ब्रह्म।
क्रैंब्रिज या पैरिस

1. चिल़म्ब—नूपुर का बड़ा रूप जो देवी-मन्दिर में दैवी, प्रवचन देने वाला व्यक्ति पहनता है।

वोल्गा या न्याग्रा में स्नान करके
नेता लोग स्वर को सुदृढ़ करके आ गए।
कोट-सूट पहने आदेशी स्वर
कानों में गूँजती विदेशी गूँज।
यन्त्रनाद वाले आ गए
स्वरायुध वाले आ गए
सत्य समत्व साहोदर्य सत्यं शिवं सुन्दरम्
अणु को छेदते मन्त्र
कला कला के लिए...
अनुगूँज, गूँज से अधिक ख़ूबसूरत हो गयी
बच्चों के शोर-शराबे के साथ
नए कामरेडों के 'हल्ला बोल' के साथ टीले के उस पार
मन्दिर में
दिन क़े अस्त होते मूक पाताल में
हत्यारों के चाक़ुओं में
राम नाम की बूँदें।
नगर के आकार में बढ़ते नुकीले वाल्मीक
जहाँ ऋषि गायब है
दादीमाओं के जप-स्वरों का विलाप
कन्नी अय्यप्प[1] भक्तों की शरणेच्छा का शोर
मन्दिर विस्मृति की कावडी[2] हो गया
विस्मृति की कावडी भूतकालीन गोपुर हो गई

:: 3 ::

कई ध्वनिक्षेपकों
जुलूसों, गोष्ठियों और उपाधियों
सुपरमार्केटों के साथ
कुटम्पनाड में आधुनिकता का आगमन हुआ।

---

1. शबरीमला के अय्यप्पा मन्दिर जानेवाले नए भक्त
2. मन्दिर में सम्पन्न होनेवाले विशेष नृत्य के लिए प्रयुक्त होनेवाली वस्तु जिसे कन्धे पर रखकर भक्त झूमते हैं, जो गोपुराकार की होती है।

नई-नई डिज़ाइनों में
रंगीन तृष्णाएँ अंकुरित हुईं
डैन चढ़ी शरदादीदी से भी ऊँची आवाज़ में
वे नाचती कूदती गाती हिचकियाँ भरती रहीं
अट्टहास के साथ मांगलिक स्वर सुनाया
माताओं का स्वर विस्मृति में गुम हो गया
पेड़ों और हरिताभ धरती ने अपना गाना बन्द किया
कोयल और सियार गायब हो गए
धूप और चाँदनी भरे बाज़ारू घड़े गूँजने लगे
आमन्त्रित करती नग्नता की
स्वर सुन्दरियाँ आ गईं
स्वर सुन्दर भी आ गए।
पड़ोसी ईर्ष्यालु हैं
यह लो बढ़िया टी.वी
मुलायम त्वचा के लिए साबुन
रोज़ाना जवानी को बरकरार रखनेवाला गुड्गुड्
यह है पॉलिसी
जो माथे पर शिकन पड़ने नहीं देती
झण्डियों के रँगों को सुरक्षित रखने के लिए
सुपर पावर कलर गार्ड।
अथवा
सप्तरंग संरक्षण
दीमक मुक्त टीक के पेड़ों का बागान
यह लो डंकल की ख़ूबियाँ
कभी छोटी न पड़नेवाली, आज़ादी देनेवाली
अण्डरवियर
यह लो, यह लो, यह लो
स्वरों की उन्मादी ज्वालाएँ
मेरा स्वर अलग से सुना है क्या ?[1]

---

1. मलयालम कवि वैलोप्पिल्ली की पंक्ति

क्या उसने पूछा ?
मैंने उसे देखा पर सुना नहीं
हे रक्षक,
मोहक संस्कृति के इस स्वर राक्षस को
हमारे कान से हटा दो
स्वरों के जंगल में छिपने की कोशिश से
हमें बचाओ
स्वर्णिम स्वर से सत्य को ढँकने की क्षमता
हमें प्रदान न करो।
हमें सुनाई पड़े
हवा का पगस्वर
बच्चों की झरने की सी किलकारी
माँ की उसाँसें
दादी माँ का सान्ध्य मर्मर
भाइयों के स्वप्निल शब्द
कारागार की मौन नसों में
सत्य की हलचल
शिकार का फूलना
साथी का अलार्म
चावल के बोझ से दबती चींटी का आत्मालाप
नीड़ तक पहुँचे पक्षी की ताल-ध्वनि
झिल्ली की झनकार
दोस्त की चेतावनी
सद्यःस्नाता के ठण्डे शरीर से
रात की कहानियाँ
नाद संसार में उसका नाद नक्षत्र
भविष्य का दूरवर्ती 'तायम्बका।'[1]
हमें सुनाई दें, सुनाई दें
स्वयं हमें।

---

1. केरल का एक वाद्यवृन्द

रविवार सोमवार से
सोम श्वेत बादल के दुख से
बादल वृक्षों से
वृक्ष जन्तु जानवरों से
पक्षी
ऋतु नृत्य करती लय से
हे मन
तू मुझसे।
विश्वव्यापी मौन
जो म़न्त्र रटता है
पहचान की सूक्ष्मतम श्रुति
नए विचार की सुगन्ध
सुनाई दें सुनाई दें सुनाई दें
हमें
जीवन की सिम्फनी...।

मुद्रक पिशाच

लिखा कि वृक्ष
मुद्रित हुआ वृष
मुद्रक ने पूछा :
क्या यह बिलकुल ग़लत है ?
वृष की भी तो शाखाएँ हैं ?
लिखा कि विस्तृति
प्रिण्ट हुई विस्मृति
क्यों
विस्मृति से बड़ी कोई विस्तृति है ?
लिखा कि प्रहसन में
आया कि प्रसंग[1] में
वही प्रहसन है न ?
लिखा कि मेरे लिए
हुआ तेरे लिए
अब भी
मैं ही तो तुम हो

---

1. मलयालम शब्द 'प्रसंगम्' का अर्थ है भाषण

गधा बनकर जीने के लिए मज़बूर घोड़े

बढ़िया ढंग से साइकिल चलाने वाले
शूरनाड[1] वाले हैं
न कि चवरा[2] वाले या कटम्पनाड[3] वाले।
चवरा वाले साइकिल पूजक हैं
चुनावी दौर को छोड़कर।

अश्वती[4], अनिमॉल[5]
रजिया[6], रज़ाक[7]

विलसन गोनसेलवॉज़[8]
मिन्नामतोट्टिलम्मा[9]
वेलांकण्णी माता[10]
''बस, यहीं तक''[11]
''होशियार रहने से''[12]
आदि नामों से वे साइकिल को अभिहित करते हैं।
रिबन, फूल, घण्टियाँ, चन्दन

1, 2, 3.—केरल के कुछ गाँवों के नाम
4 से 8.—तरह-तरह के नाम जो साइकिल को दिए जाते हैं
9. ग्रामीण मन्दिर की देवी का नाम
10. तमिल नाडु का प्रसिद्ध गिरजाघर
11, 12.—फिल्मों के नाम

लाल रेशम, सूली का चिह्न, नारियल की कोंपलें
कपड़ों के अलंकार, झण्डियाँ, अल्पनाएँ
आदि से वे साइकिल को विभूषित करते हैं
और वे खुशी महसूस करते हैं
जैसे उसकी अगवानी हो रही हो।
कबूतर, तोता, गिलहरी, कठफोड़वा,
देश-विदेश के रंगीन पक्षी
रबड़-चक्र
वायु-चक्र
सौहार्द, प्रेम, वात्सल्य
एकता, भिन्नता
या उनका समन्वय
वे सब क्या हैं ?
दो शून्य और उनके बीच
एक दुरूह त्रिकोण ?
आदि और इति के बीच की
शून्यता के ऊपर मनुष्य द्वारा बनाया पुल ?
किसके चश्मे का विकास है यह बाइसिकिल ?
किसके दर्शन में हो रही है हमारी यात्रा ?
अशोक चक्र की तरह
ऐकान्तिकता का चेहरा लिए हुए
एक चक्र शोक का पर्याय तो नहीं
सर्कस तथा इतिहास में ?
कविता में इस प्रकार के सवाल
शूरनाड वालों को पसन्द नहीं
यात्रा बीच में रुक सकती है।
महीने की सुखद चाँदनी की तिरुवातिरा[1] की रात
गन्धर्वपुरी तक
साइकिल पर निकले हुए लोग हैं

---

1. केरल का एक त्यौहार

दण्डकारण्य में राक्षसीय जीत हासिल करने वाले हैं
कुञाली[1] की मदद के लिए परप्पनंगाडी[2] गए हुए लोग हैं
छाते, स्कूटर, बाइक
सब कुछ उन्होंने साइकिल में देखा
थोड़ी सी जगह का स्पर्श करके
थोड़ी सी साँस लेकर
लम्बे समय तक वे दौड़ते रहेंगे

सड़क के किनारे थकावट से रुकते समय वह लम्बी साँस लेता है :
कितने सारे चक्रों में बँधे हैं
साइकिल, क्लॉक
कार, रेलागाड़ी, विमान, ग्रह
सूर्य, नक्षत्र, कर्म और आत्मा
वह फिर दौड़ने लगता है।
शूरनाड वालों को
आगे-पीछे के चक्र
भूत या भविष्य
जन्म या मरण
पति या पत्नी
गाँव या शहर
पाश्चात्य या पूर्वी
या दार्शनिक द्वन्द्व नहीं
काँटे के लगने पर पंक्चर होने वाला
पंक्चर की हालत को गोंद लगाकर चिपकाने वाला
आपसी सन्धि ही है।
यही वे कहेंगे।
लौह-चक्र
चाहे बाज़ार की ओर या मरे हुए का घर

---

1. राजा सामूतिरि का नौसेनाध्यक्ष
2. एक जगह का नाम

रात या दिन
लुका-छिपी या गवाही
'उतार चढ़ाव युक्त रास्ता मुझे पसन्द है'
उससे होकर साइकिल चलाना
बस।
निरन्तर यात्रा
दिशा से दिशा तक
आदमीनुमा घड़ी की तरह
अनन्त, काल से घूमते-घूमते
'गिनीज़ बुक' की दहलीज़ तक पहुँचे हुए साइकिल-यज्ञ करनेवाला मधु
साइकिल-विज्ञान के कोशकार कोशी
'बाइबिल और अद्वैत' के रचनाकार
निश्चलानन्दनाशान,
'बाइसिकिल थीवस्'
पहली बार देखने वाले कोच्चुण्णि...[1]
सबके सब शूरनाड वाले हैं।

जंगली भैंस के सींगों को पकड़कर
वन यात्रा करनेवाले वीर पितामहों की यादें
साइकिल यात्रा में ही मुमकिन हैं।
दौड़ते हिरण
प्रतियोगिता के घोड़े
उड़ती तश्तरियाँ
शिकार के पीछे तूफ़ान बनने वाले
तिकोने या चौकोर बने चक्रों को
फिर से चक्र बनाया जाता है,
दाएँ या बाएँ मुड़े हुए हैण्डिल को
ठीक किया जाता है,

---

1. केरल का प्रसिद्ध चोर

टूटी हुई चेन को
कड़ियों में पिरोया जाता है
पुरानी क्षमता को वापस लाया जाता है
फिर से साइकिल को प्रवहित होते देख आनन्दित होना
कटम्पनाड वालों को पसन्द है।

पर एक समस्या उठ खड़ी हुई
चावल, सूरन, ककड़ी, कद्दू
केला, कन्द, मुर्ग़ी, नारियल आदि
उर्वर मिट्टी की मुकुटधारी वस्तुओं को टाट की थैली में भरकर
हर सुबह सब्जी मण्डी की तरफ़ उड़ान भरने वाले
कटम्पनाड वाले, साइकिल
कविता के बाहर हो गए।
वे किस गण के बगुले हैं
नहीं, वे गधा बनकर जीने के लिए मज़बूर घोड़े हैं।

बढ़िया साइकिल सवारी करनेवाले
न चवरावाले हैं और न कटम्पनाड वाले
बल्कि शूरनाड वाले हैं।
सड़क चाहे कच्ची हो या पक्की
चाहे चढ़ाई हो या उतार
उसमें आकर बैठ सकते हैं
अस्पृश्यता की कोई बात नहीं।
कौआ, मुर्गी और बगुला
उस पर बैठ नहीं सकते।

पर एक समस्या उठ खड़ी हुई :
मछली की भारी टोकरी पीछे रखकर
हर सबेरे पूर्वी दिशा की ओर उड़ चले जाने
चवरा वाले अनामधारी, साइकिल
कविता के बाहर हो गए।

वे किस गण के बगुले हैं
नहीं, वे गधा बनकर जीने के लिए मज़बूर घोड़े हैं।
कटम्पनाड वालों को
साइकिल रिपेयरिंग का काम अच्छा लगता है
कटे हुए बैल की तरह
त्वचा निकालकर लटका दिया गया है
बोझ ढोने से रौंदा गया कन्धा
कई बार सही गई पीड़ाएँ
भयग्रस्त नालियाँ
कटाव, मोच
बेयरिंग प्रेशर
आन्तरिक समस्याएँ
आदि की जाँच-पड़ताल करके साइकिल के भीतर से गुज़रना
कटम्पनाड वालों को पसन्द है।
आपस में टकराकर
टीपू की फ़ौज को
तुलुनाड के जंगलों तक भगाने वाले हैं
दण्डी जाकर तप करके
चारों दण्डों को अपनाए हुए भी हैं।

स्वतन्त्रता की आधी रात के वक़्त
कोलोत्तुम[1] के खेत में
यूनिफार्मधारी तीस करोड़ देवताओं को
(सामने एक साहब साइकिल पर सवार)
मार्च करके आते देख
कइयों की चिन्तन-शक्ति नष्ट हो गई थी
कइयों की आँखें नष्ट हो गई थीं
देवताओं की फ़ौज में शामिल होने वाले हैं
किरात वेश धारण कर शहीदों के जंगल गए हुए लोग हैं

1. एक ख़ानदान का नाम

प्रेतों के वास करने से मूर्तियों में बदले हुए भी हैं
बिना किसी लक्ष्य के कारण
काल से झटककर अलग हुए भी हैं
वे किस गण के बगुले हैं ?
नहीं, वे गधा बनकर जीने के लिए मज़बूर घोड़े हैं।

प्रोफ़ेसर विविधगमन का एक विचित्र अनुभव

एम. ए. मलयालम कक्षा में
प्रोफ़ेसर विविधगमन
सांस्कृतिक इतिहास पढ़ा रहा था
आदिम आराधना-रीतियों के बारे में।

"...इस प्रकार वृक्ष, सर्प और सूर्य—
आदि देवता बन गए।
उसके बाद कोई भी वृक्ष, वृक्षमात्र नहीं रह गया।
कोई भी एकायामी नहीं रहा।
शब्द और वस्तु में चैतन्य
आन्तरिक आकाश में परिवर्तित हो गया..."

अचानक एक आवाज़ के कारण
उनकी वाग्धारा कट गई
प्रोफ़ेसर के सामने वाली मेज़ ने
गाय की आवाज़ दी।

जैसे प्यास से वह रम्भा रही हो
बाज़ार से लौटते मालिक को दूर से ही पहचानकर
प्यार की रुलाई का संगीत हो
वह स्वर उतना विचित्र था

ग्रामीण, गृहस्थ और शान्त।
फिर भी वह आश्चर्य वृत्तान्त बना
वह भी मेज़ के अन्दर से होने के कारण।
क्योंकि एम.ए. की कक्षा में
कोई नटखट छात्र नहीं था
टेप रेकार्डर भी नहीं था।

'क्या कहा, मेज़'
'नहीं मोशा'
गलियारे से गुज़रते वक़्त
अटेण्डर एली दीदी ने
प्यून रघुनन्द मेनन को अपने वश में किया
मेनन लज्जित होकर मुस्कुराने लगा।
जब कृष्णगाथा पढ़ाने वाला मास्टर आया
रघुवंश पढ़ाने वाली टीचरजी आईं
ज़ोरदार आवाज़ में
वृन्दावन के मध्याह्न के मन्त्र रूपी
वही प्राकृत पशुवचन।
बार-बार।
अब विश्वास किए बिना कैसे ? अथवा
संशय किए बिना ? अथवा
ध्यान किए बिना ?
जिस-जिसने सुना
सन्देह-शीघ्रता के साथ आए
विद्यार्थी, अध्यापक, प्रिंसिपल
राहगीर, रॉटरी के लोग, पी.टी.आई. के प्रमुख
गाय के मित्र कौए
मृतात्माओं के बगीचों से पतंग
भविष्य से रंगीन तितलियाँ
घास बिछी आँगन में
धूप के बीज बीनते कबूतर

ऊपर की शाखाओं में
पहेलियों से जूझती गिलहरियों की चहल-पहल
यम को देखकर भौंकते कुत्ते
हीरो होण्डाएँ
लाइब्रेरियन के साथ उग्रहरि पंचानन
डॉन क्विकजोट दिलीप नारद
छोटी सी फेंस लाँघकर
अपनी सहेली के साथ वासवदत्ता
सुगन्धित तैल के साथ मरियम
बाँसुरी के साथ रमणन्[1]
नव धनाढ्य बनकर चेम्पन कुञ्ञु[2]
खाली हाथ आनवारी रामननायर[3]
रामु[4], कुंजुकुरुप्प[5], इन्डनम्मावन[6]
सिनेमा पोस्टरों से उतरकर आई
प्रकाश बिखेरती लड़कियाँ[7]
नगर का यक्ष[8]
पागल वेलायुधन[9]
सुप्रसिद्ध चन्द्रनुमा सींग लिए वह आ गई
तर्क करने को कटिबद्ध पण्डितों के समान
उद्धत विनीत भाव से
नोक दिखाकर वे आमने-सामने हो गए।
माथे पर नन्दिनी की सी बिन्दी से युक्त
दुरूह-व्याकुल गुरुमुख
विज्ञापन के गुब्बारे के समान
धीरे-धीरे
उभरने लगा।
रोबोट की जलती आँखों से
वह
चारों तरफ़ खड़े युवा-कवियों से

1-9. मलयालम के प्रसिद्ध उपन्यासकारों, कवियों, कहानीकारों की रचनाओं के प्रमुख पात्रों के नाम।

आग की हँसी हँसने लगी
वृन्दावन पार्क की शाम की हवा की तरह
अलसाती खूबसूरत पूँछ से
उसने गीतकारों पर फेरा
अमोनिया प्लाण्ट की तरह
फूले हुए पेट पर
घास-मैदानों की प्राचीनता
हिलोरें भरने लगी
खेत के बीच में से
जवाहर नगर जैसी आवास योजनाएँ फूट पड़ती हैं
मेज़ के चकोर से फूटकर
गऊ का चकोर प्रकट होने लगा
एक शगाह चित्र की पशुकान्ति
सर चात्तु[1]
अप्पुक्किली[2]
कुन्दन[3]
लेविस्ट्रॉस के कुछ शिष्य....

अधूरे विश्वास के
अधूरे जीवन में
सब कुछ सुनने के लिए खुले कान के साथ
कैम्पस भर गया
हर क्षण वह सभा
समग्र और असंगत होती गई।
''इसमें चकित होने की क्या बात है ?''
दर्शन के प्रोफेसर पधारे।
यह कालान्तर सत्य
कालान्तर ही रूपान्तर है

1-3. मलयालम के प्रसिद्ध उपन्यासकारों, कवियों, कहानीकारों की रचनाओं के प्रमुख पात्रों के नाम

रूप की रूपान्तर-तृष्णा अनादि है
रूपान्तर की कथा अनन्त है।
नमक के खम्भे बने हुए कामासक्त
रूप की ज्वाला पहनकर
शिला में परिणत कामिनियाँ
तिलचट्टे में परिणत ग्रिगर सांसाएँ
सम्राटों में बदलते कामरेड
महानगरों में व्याप्त
मौन रक्त...

चारों पैरों को झिंझोड़कर
वह हिलने लगी
सब कहीं फैलने लगी।

जितने इकट्ठे हुए थे
वे विस्मय-जल के प्रतिबिम्ब बन गए
बाहर, हर आशा के साथ
आधुनिक अविश्वास का मौन व्याप्त हुआ
हर किसी ने
अपने अचेतन की प्राकृत गन्ध की साँस ली
प्राकृत-मन्त्र सुना
संकर जाति की सी प्रशंसा के सृजन के लिए
सब लालायित हुए।

अनजाने में
उनकी आयु के मैदानों में
वह गाय चरती रही।

गोरखा

प्रिय स्वप्न
मेरी ड्यूटी का वक्त हो गया,
अब हम बिदा लेंगे।

मेरा काम
बेवक़्त भटकते सपनों पर
सन्देह करना
और उन्हें फँसाकर मारना है।
उसके लिए ही
यह शासक की सी वेशभूषा है
लाठी, छुरा और टॉर्च।

मौत और गन्ध को महसूस कर सकने वाला कुत्ता
मेरा मददगार है
दीवार के छेद से जाते चूहे को पकड़ने वाला उल्लू
मेरा मददगार है।

आवाज़ ओढ़कर आने वाला मौन
अँधेरे में अँधेरा बनकर
रंग में रंग बनकर
जागृति में जागृति बनकर

कुछ सपने आते हैं।
समय का संकेत न देने वाले
ज्ञान के फल
मेरे जगने के बावजूद
मेरे लिए दर्शनीय नहीं होते
कुत्ता और उल्लू भी
उन्हें देख नहीं पाते।

रास्तों को गहराते हुए
जीवन को रंग देकर
सन्नाटे को अनुगूँजित कर
हवा और धूल को वह ओढ़ लेता है।
मेरी दृष्टि को नया बनाता है
अनजाने ही।
भीड़ में गोड्से की तरह
नजदीक आकर फण उठाकर फुँफकारने तक
हमें किन्हीं सपनों के आगमन का पता नहीं चलता।
एकाएक,
पकड़ा जा सकता है,
मारा जा सकता है,
क्या फायदा,
सब कुछ घटने के बाद ?

छठी गली के नौवें क्रॉस के
चार नम्बरवाले घर पर आने वाला सपना
अपने प्रेम का काम-काज निपटाकर
दीवार लाँघकर ओझल होता है
उससे कुत्ता और उल्लू वाक़िफ़ हैं।

नशीली दवा से
मुर्झाया सपना

गन्दी नाली में गिर पड़ेगा
मेरे भागने की बात नहीं।
भूख से सूखा, क्रुद्ध सपना
मरता नहीं
चाहे मारो, पीटो
बारिश की एक बूँद,
नई मिट्टी की गन्ध,
अँधेरे का एक तिल,
नक्षत्र का एक दाना,
बस, वह उठ खड़ा हो जाएगा,
बेचारा मानव हृदय !

हे स्वप्न,
अधिकार वेश के भीतर
मेरी हताशा के दूसरे पृष्ठ को तुमने पकड़ लिया है
अट्टहास करनेवाली चाँदनी को
चाँदनी के सफ़ेद भालुओं को....
आज तुम्हीं शिकार बनो

हे स्वप्न,
तुम्हारे अवशेष का दाह-संस्कार कहाँ करना है
तुम्हारी मिठास
बत्ती के खम्भे पर टेकती लाठी के किस शोक ताल में है ?
तुम्हारा सौन्दर्य
किस नैतिक कथा में है ?
तुम्हारी आज़ादी
किस आधुनिकोत्तर कविता में है ?
किसकी भुलक्कड़ी में ?

ऊँट

'आना मत'
उसने कहा
भविष्य, गहराई और नृत्य की जुगलबन्दी के साथ
जीवन का अनादि प्रवाह
पैरों में गति का ताल बाँध न सका;
उसके पैर
शिला के खम्भे बन गए
उसके कॉवाडीस जूते का चमड़ा
उसकी ज़िन्दगी ने जितनी वसन्त-दूरियाँ तय की थीं
याद करके आनन्दित होने लगा।

'छूना मत'
उसने कहा
सुगन्ध मन्त्रणा और चिकनाई के साथ
स्पर्श की अनादि भाषा की हवा
उँगलियों में प्रेम की तरंगें न बन सकी;
उसकी उँगलियाँ
खुर में तब्दील हुईं
हाथ
शिलावत् हो गए
उसमें बँधी

क्वार्टज़ घड़ी पर
मृत्यु की पतंग
निरन्तर उड़ती फिरती रही।

'बातें मत कर'
किसी भी नम्बर पर बुलाया नहीं
उसने कहा
फल-फूल और ठण्डे झरनों के साथ
जंगली पक्षी और काल के साथ
भाषा की अनादि वनस्पतियाँ
जीभ पर अंकुरित न हो सकीं
कैक्टस
चबाते-चबाते
उसकी जीभ
शिला रूपी पत्ती बन गई।
उसकी अरुचि और अनर्थ को ढँककर
प्रखर गन्ध और धूमधाम से आए
ग़ैरज़ुबान वाले ताम्बूल ने
रास्तों में
आरती का दाग़ डाल दिया।
पहचान और सूचना की ऋतुओं के बाहर
तिरस्कृत हर प्रेमी जन के अन्दर
एक एक ऊँट बड़ा होने लगा

जीवन ऊसर बन गया
रूप विरूप हो गया
गीत, कविता, उपन्यास में
सिनेमा में—
सुहानी हिमवत् धरती की खोज में
पैरों पर मरुथलीय बोझ के साथ
वह

महाव्रती
त्रासद नायक
कम रफ़्तारवाला
बेसुरा
जिसे छूने का मन नहीं करता
गन्दा
कई नामों के साथ
निर्वेद काम से
सूखा-सूखा भटकता रहा।

उसकी यादें
जड़ हुए बिना रहीं
प्रेमार्द्रता का पवित्र अवशेष
उसके शिलासम शरीर पर

वह शीत जल-स्रोत बन बह निकला
अन्धकार में भी वह दृष्टियुक्त
भीतरी आँख में परिणत हुआ।

तैत्तरीय

पक्षी-केन्द्र में
तित्तिरी पक्षी दुखी था
हर टूरिस्ट के सम्मुख वह सिसकता रहा :
पिंजरा खोलकर क्या मुझे मुक्त कर सकते हो ?
'कहाँ ?' मैंने पूछा।
मेरे संसार की ओर
इस पिंजरे की हवा
एक पारदर्शी शिला है।
भय, पीछे हटना, दबना....
इस शिला पर मरकर मैं दब गया हूँ
आज मैं आज़ादी का फॉसिल हूँ
अवयव से युक्त निश्चलता।
क्या मुझे दूसरा जन्म दे सकते हो
इस चट्टान से ?
'फिर ?'
ऊँची उड़ान भरने की इच्छा है
'किस ओर ?'
दिन की वास्तविकता की ओर
जिसे महानगर ने अँधेरे में तब्दील नहीं किया है।
इतिहास से
काल की ओर

बहुत पहले के
रात-दिन के जंगल के मैम्पन की ओर
वही आशा युक्त भविष्य है।
बीज बनता 'जंगल का अन्तरंग'
मेरे दल के पंखों में
स्थान का महापर्व।

मुझे पिंजरे से मुक्त कर सकते हो ?
पहरेदारों और पुस्तकों के पहले की
सीमाहीन गहराइयों की ओर ?
मेरे मानचित्र में
वह जंगल नहीं
ज्ञान की जंगली आग में
जलती भूमि के अलावा
कोई तपोवन नहीं
सबको निगलने वाली ज्ञान की सराय में
वाइस चांसलर के अलावा
कोई ऋषि नहीं।
जो हैं
आपस में न जुड़ने वाले
इन्द्रियों एवं अवयवों के साथ
विश्वविद्यालय सा शरीर।
चार छह नौ या चौंसठ में
फटती आत्मा
सब कुछ को ऊर्जाहीन बताने वाला
औपचारिकताओं की खाइयों में गिरा
ज्ञानियों का पंचांग।
मजे में
भुलक्कड़ी में
अगर वह काल्पनिक है
तो उस स्वप्न की ओर

अगर वह मौत है
तो उस गहन गहराई की ओर।
'क्यों ?'
वही मेरा संसार है
जंगल में
बिना किसी दुख से सोती धरती
आन्तरिक पीड़ा के बिना जागती उषा
प्राचीनता, जो प्राचीन नहीं होती
सबको सम्भालती नवीनता
एकता की शाखा की
साथी की कभी न ख़त्म होने वाली कथाएँ।
शाखा को झुलाती हवा का वात्सल्य
जो बाण से बचाता है
त्यौहार के बाद
तृप्ति के वृद्ध कंचन रंग के साथ
पत्ते
खुद गिरने को उद्यत मृत्यु
शाखों पत्तियों से आच्छादित
आदि गेह
तपोवन
खेत के चारों ओर
घूमता जप करता झरना
ऋषि जो मारे बिना अपना रहे हैं
शिक्षा जो ज़हर नहीं बन रही है
मारकर
फेंककर
विनोद से विनोद की ओर
मेरा प्रयाण।
अहंकार की कै करने वाले
इन अपच वर्गों को
कौन सूरज

इन्द्रधनुषी छन्द में विलयित करेगा ?
जंगल के ओणम[1] की ओर
कौन सा आषाढ़
मेरे लिए इन्द्रधनुषी किवाड़ खोल देगा ?
मुझे मालूम नहीं
कि चाबी
हिंसा की या अहिंसा की है
खोलना है कि फोड़ना है।

---

1. केरल का प्रमुख त्योहार

के. जी. शंकर पिल्लै की कविताएँ पढ़कर

मलयालम के शीर्षस्थानीय कवि श्री के. जी. शंकर पिल्लै की कविताएँ पढ़ने का सुयोग प्राप्त हुआ। प्रो. (डॉ.) ए. अरविन्दाक्षन द्वारा प्रस्तुत इस अनुवाद के माध्यम से श्री पिल्लै की कविताओं में से गुज़रना एक सुखद अनुभव है। श्री पिल्लै की कविताओं में हमारे समकालीन भारतीय मनुष्य के विविधवर्णी अनुभव की प्रामाणिक तस्वीर उभरती है। यथार्थ से एक संलग्न सम्पृक्ति और मूल्यबोध की रचनात्मक विकल्प चेतना से स्फूर्त्त उनका काव्य-विश्व अनेक बार हिन्दी के शीर्षस्थ कवि श्री गजानन माधव मुक्तिबोध के रचना सरगम की स्मृतियाँ झंकृत करता है। यथार्थ से यथार्थ-इतर और फैण्टेसीपरक दुनिया में एक अबाध सन्तरण उनकी सृजनात्मक चरितार्थता रेखांकित करता है। वास्तव को विस्फारित करने की उनकी कलात्मक कुशलता अनायास ही एक अनूठी व्यंजना के माध्यम से अन्तर्निहित काव्य-सत्य को उद्घाटित कर जाती है और समकालीन मनुष्य का अनुभव जगत् एक नए ही आलोक/सन्दर्भ और परिप्रेक्ष्य में भास्वर हो उठता है।

श्री ए. अरविन्दाक्षन ने श्री पिल्लै की कविता के 'इथॉस' की मुमकिन समग्रता और पूर्णता में रक्षा का भरसक यत्न किया है। मलयालम की भाषिक संरचना और ध्वन्यात्मक विन्यास को उन्होंने हिन्दी के अपने मुहावरे और स्वर विन्यास में रूपान्तरित किया है इसलिए ये कविताएँ अनुवाद नहीं बल्कि पुनर्रचना की कल्पनाशीलता से समृद्ध और मौलिक आभा से दीप्त लगती हैं। इसकी सबसे बड़ी वजह यह है कि श्री ए. अरविन्दाक्षन दोनों भाषाओं के सौन्दर्यात्मक स्रोतों और अर्थान्तरों से न केवल परिचित बल्कि उनमें रचे-बसे हैं। काव्य अनुवाद की यह मुश्किल शर्त वे बख़ूबी पूरी करते हैं। कविता का अनुवाद यों भी एक लगभग असम्भव काम है। अक्सर जब वह विश्वसनीय होता है तब सुन्दर नहीं हो पाता और जब सुन्दर होता है तब विश्वसनीय नहीं रह पाता...उस औरत की मानिन्द जो यदि ख़ूबसूरत है तो वफ़ादार नहीं और अगरचे वफ़ादार है तो ख़ूबसूरत नहीं।...श्री ए. अरविन्दाक्षन ने इस काव्य

अनुवाद में सौन्दर्य और विश्वसनीयता की एक-साथ उपलब्धि की दुर्लभ मिसाल कायम की है...कदाचित इसलिए भी कि वो स्वयं भी एक उत्कृष्ट कवि हैं।

श्री के. जी. शंकर पिल्लै के समृद्ध काव्य संसार से एक साक्षात्कार का अवसर और आनन्द प्रदान करने के लिए हिन्दी के काव्य रसिक प्रो. (डॉ.) ए. अरविन्दाक्षन के निश्चय ही आभारी रहेंगे।....

प्रो. (डॉ.) धनंजय वर्मा

●●●